JN150597

夢と誇りが、この国の景色を変える。

～霞が関から飛びだし、仲間とともに地域を潤し、そして世界へ～

今 洋佑

福井新聞社

ジョゼ・ラモス＝ホルタ 東ティモール民主共和国大統領への表敬訪問（2024年5月）。
小さなまちで始まった地域活性化の取り組みが、水のように広がり、世界とつながった瞬間。

福井の社会人セミナー「考福塾」での講演やワークショップの模様。
あらゆる先入観を取り払い、福井の未来にむけてともに熱く語り合う。（提供：福井新聞社）

筆者が18歳まで過ごした、北海道岩見沢市の中心部(2003年頃)。
都市と地方の格差の解消、地域活性化を自らのライフワークとした原点。

内閣府の庁舎。政策立案における各省庁との総合調整など、新卒からの内閣府勤務で学んださまざまな知見が、いまの自分のあらゆる活動の土台となっている。

留学中に見学した、
英国・スコットランド議会。
「自分たちのことは自分たちで決める」自治の空気がそこはかとなく漂っている。

福井県大野市の「天空の城」越前大野城。市を取り囲む山々を抜けて大野盆地に入り、この城が見えると「大野に帰ってきた」と感じられる、大野市のシンボル。（提供：大野市）

福井県大野市の「御清水（おしょうず）」。環境省「名水百選」に選定された湧水で、現在でも市民の生活に用いられ、大切に守られている。（提供：大野市）

2022年に訪問した東ティモール・ウラホー村で、大野市民の寄付で設置した水道施設を村人とともに修繕。寄付するだけの存在から、ともに地域を守る仲間へ。

東ティモールの人材育成・活躍に向けた協定を締結（2023年4月）、管清工業株式会社で研修を開始（2024年1月）。国づくりの根本は、どの国でもまずは人づくりから。

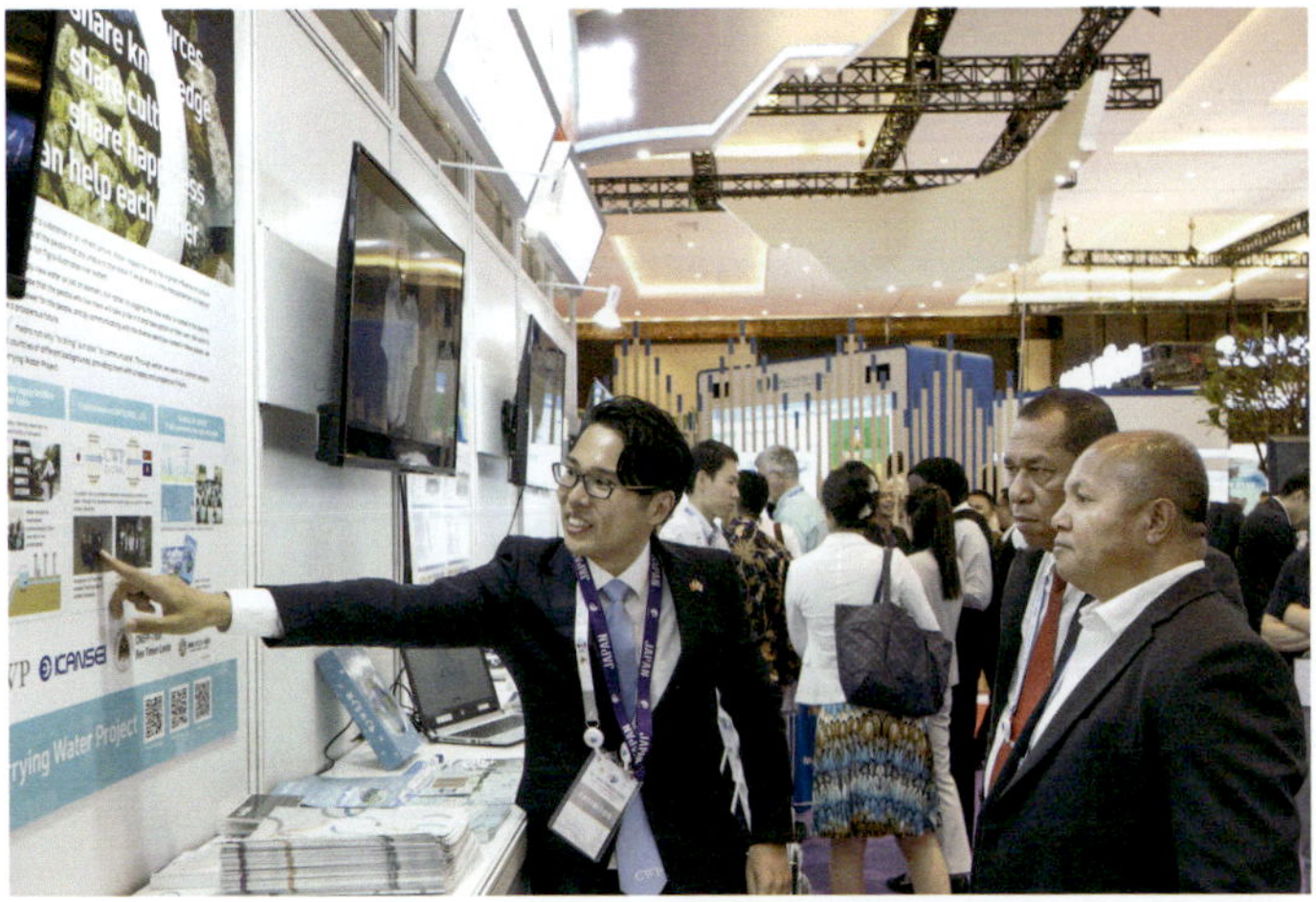

第10回世界水フォーラム(於:インドネシア・バリ島)へ出展(2024年5月)。
あらゆる機会を活用し、水を通じた助け合い・分かち合いの輪を更に広げていく。

CWP GLOBAL株式会社の東ティモール支店。共創共栄の旗印の下、日本人・東ティモール人問わず雇用を生み出し、社会課題の解決に向けた持続可能な活動を目指す。

水循環を学ぶボードゲーム「めぐるめぐみ」を作成。子供たちへの出前授業での活用や、ゲームマーケットでの販売など、さまざまなアプローチで水循環の大切さを啓発。

東ティモールでの活動により、一般社団法人CWPとして国土交通大臣賞を受賞（2023年9月）。上は斉藤鉄夫 国土交通大臣、下は連名で受賞した長谷川健司 管清工業株式会社社長と、イリディオ 駐日東ティモール特命全権大使。

2024年4月に福井市内に開店した「食と農のDigital Platform TRETAS(トレタス)」。
農業の振興・活性化に向けた起爆剤として、デジタルの活用を進める拠点施設。

大学での講義では、学生の真剣な眼差しや鋭い質問に圧倒されることも。
写真は金沢大学融合学域での講義(2023年5月)。

「北陸未来共創フォーラム」観光分科会で開催したセミナー(2024年3月)。
新幹線延伸を踏まえた北陸３県による観光連携は、今後の地域発展に向けた大きな挑戦。

データサイエンスによる観光分析の例。人々の移動と心拍データを取ると、データの裏付けをもって魅力ある観光スポットを確認できる。

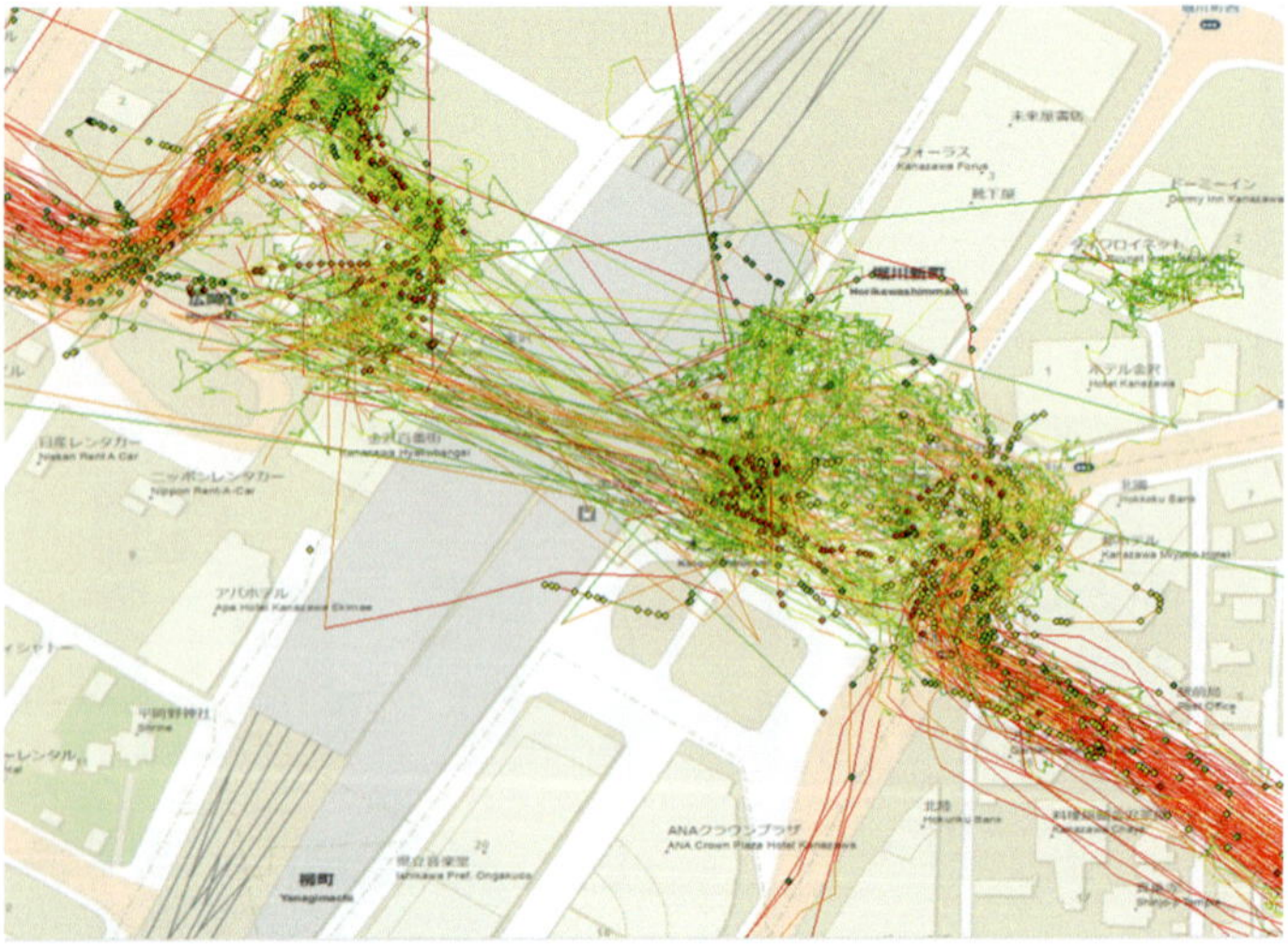

例えば金沢駅周辺では、有名な「鼓門」周辺で心拍が高まっている。
（提供：金沢大学 交通・防災・まちづくり研究室（藤生慎准教授・森崎裕磨助教））

福井大学地域創生推進本部のシンポジウムでの基調講演（2024年1月）。地域活性化に向けて「小さくとも、高く手を挙げる」事例としてCarrying Water Project（CWP）を紹介。

夢と誇りが、この国の景色を変える。

はじめに

この本は、地域活性化、地方創生などの実現に向けた理論や、ノウハウをお伝えするような内容ではありません。ライフワークとして地域活性化を志した一人の人間が、これまでにやってきたこと、体験したことをそのまま書かせていただいているような本です。

「1オンスの経験は1トンの理論にまさる」などの言葉もありますが、理論はないがしろにはできませんし、経験と言っても皆さんにお伝えできるだけの成果を出しているかどうか、自信が無いところもあります。

しかし、いま人口減少が急速に進むこの国で、未来をどう考えていくか、何をすべきかと、悩んでいる同志は大勢いらっしゃると思います。そのような方々と力を合わせ、社会を次の世代へと守り繋げていくために、もし私の経験が多少なりとも役に立つことがあればという強い思いで、今回、筆を執らせていただきました。

さて、この本で皆さまに申し上げたいことは、いまこの国に必要なのは、「夢と誇り」だということです。

わが国では、将来を悲観するような言説が多く飛び交っています。確かに、政治、経済、行政、教育などなど、さまざまな分野で課題が山積していることは、間違いありません。人口減少と少子高齢化が、有史以来の規模とスピードで進行するこの国が一体どうなってしまうのか、不安になるのも仕方ないことかもしれません。

しかし、それでも希望はあります。社会は人々が自ら作り上げていくものであり、天や神から与えられるものではありません。人々が意志を持って取り組めば、社会の営みはしっかりと続いていくものです。

これまでも、いまよりも貧しく、苦しい時代において、私たちの祖先が前を向いて努力を重ねられ、社会を築き、守り、育ててきました。その時代ごとに大きな課題もあれば、小さな課題もあったと思いますが、それらをすぐに解決できる処方箋が常に存在したわけではないでしょう。それでも、人々は「夢と誇り」を失うことなく意志を持って立ち向かい、繁栄を重ねてきました。

私が考えている「夢と誇り」というのは、端的に言えば、社会への関わり方です。社会的動物である人類として、自らの暮らしを守り、地域を支え、社会を築いていくために重要となる考え方、価値観のようなものです。現代における課題は複雑で多岐にわたりますが、この価値観を根底において取り組むことで、未来を切り拓くことができると確信しています。

まず「夢」とは、英語でいうDreamのように、ただ夢に見るようなものではなく、意志の込められた「Vision」です。実現可能な形を見据えた、意志の込められた「旗」を高く掲げることにより、自分(たち)の進むべき道筋が見えてくるものです。また、自らの生き方に筋を通していけば、志を共にする仲間が集い、力を合わせて社会を良くしていくことができます。

また、「誇り」は、英語でいうならばPrideというより、理屈を超えた信頼のようなもの、信仰心という意味をあらわす「Faith」です。それは自分自身、あるいは所属する組織や、生まれ育った地域、いま暮らしている環境など、さまざまだと思いますが、それら自分がよりどころとしているものに対して、ある意味で理屈を超えた、無条件での自信・信頼があれば（それを自分で認識することも大切です）、ぶれずに善く生きることができると思うのです。そして、自信があるからこそ、恐れることなく、他者に対して開かれた心で、純粋に人と助け合うこともできる。自分に自信がある人ほど開放的に、つながりを作り、助け合うことができます。

そして私にとって、「夢と誇り」をかけて取り組むべきテーマは地域活性化です。私のこれまでの取り組みの根底には、大学生のころから抱き続けている、地域の活性化や、都市と地方の格差の解消に向けた取り組みを一つでも多く生み出したい、という思いがマグマのように常にふつふつと湧いております。

この本では、私がこれまでに「夢と誇り」を掲げて取り組んできた地域活性化の取り組みとそれにかけた思いや、「夢と誇り」に至るまでの歩みの中で見聞きし、体験してきたことを、そのままの形で皆さんにお伝えできればと思っています。

この本は、大きく分けて2部構成となっています。

いま、私は「夢と誇り」という旗印を掲げ、ご縁をいただいている北陸の福井を中心にさまざまな場所・分野にて、地域活性化に向けた取り組みに関わっています。

その理念である「夢と誇り」がどこから来たのか、またそれを土台として重点的に取り組んでいる4つの分野、①水を通じた世界との共創共栄、②農業の振興、③人材育成、起業・創業の促進、④まちづくり・データサイエンスの推進、での地域活性化の取り組みについて、第1部にて紹介しています。

そこでは、私の経験や考えについて語るだけではなく、それぞれの分野でともに取り組んでいただいている仲間の皆さんと対談し、それを載録させていただきました。取り組みの意義や活動の広がりについての「温度感」のようなものが、読んでいただいた皆さんに伝われば嬉しく思います。


また、第2部では、これまでの私のキャリアパスを通じての体験や考えについて書きました。

いわゆる「霞が関」省庁の一つである内閣府で社会人としてのキャリアをスタートした私ですが、その後、イギリスのロンドン大学への留学、福井県大野市の副市長としての出向、ソフトバンクグループ株式会社への転職、自分の会社の起業や仲間との団体設立、大学の研究所での活動など、期せずして多様なセクターでの経験を積ませていただきました。

このような、それぞれの立場から見えたことや感じたこと、そしてそれが地域活性化にどうつながっていくのか、ここに書いたことが何かの形で同志の皆さんのお役に立つことがあれば、大変幸いです。

目次

第１部

この国の景色を変える処方箋は「夢と誇り」

第1章

なぜ私は「夢と誇り」を掲げて歩いているのか

何年住んでも心は「地方」にあり

私はもう、北海道から出てきて20年以上たち、人生の半分を東京や神奈川などの首都圏で過ごしてきました。しかし面白いことに、私の中では、自分自身はれっきとした「地方人」であり、道産子であり、また最近は「福井人」のような気分になって生きていることに、ふとした拍子に気付かされます。いろんな社会課題について、日々の雑談の中や、何か意見を求められる場合もそうですが、どうしても地方側に立って発言してしまい、ある意味浮いてしまうことも少なくありません。

よく考えてみると、私は若い時から、いわゆる地域活性化、地方と都市の望ましい関係やそれぞれの在り方について課題意識を持ってきたように思います。それに明確に気付かされたのは、大学で東京に住むようになり、その物量や豊かさ、人々の多様な生き方や自由さ、そして無限の可能性に圧倒されてからです。ただ、そこに至るまでには、北海道での18年間の暮らしの経験が根底にあります。

地方で暮らしてきたことに、私はとても愛着を持っています。「地吹雪が吹き荒れる通学路を高校まで歩きながら、英語のCDを聞いて勉強していました」なんて、自慢にもならない自慢話をすることもありますが、そういう一つ一つの体験が、自分の中では、生まれ育った環境に対しての愛着や、誇りのようなものにつながっています。また、私の父親は北海道庁の職員だったので、北海道という地域の特性や大変さ、また北海道ならではのポテンシャルなど、いろいろな話を聞いて育ちました。そういう日々の中で、いつの間にか北海道という具体的な地域を超えて、普遍的な「地方」というものに対する愛着のようなものが育っていったのだと思います。それは、北海道に住んでいるうちは当たり前の環境の中で無意識にはぐくまれていたのだと思いますが、東京に住むようになって、気付かざるを得ない環境になったのでしょう。

なので、東京の豊かさに驚き、都市と地方の格差を自覚した瞬間に、そのことをライフワークとしようと決めました。もともと、私は幼少期に心臓病（川崎病）で入院を強いられ、その後も運動制限が長く続くという体験を持っています。そんなことから、大学では免疫の勉強をしようかな、などとぼんやりと考えて入学したのですが、そんなものはいつの間にか吹っ飛んでしまい、地域活性化に向けた勉強をしようと思い、土木工学科に進路を変更したのでした。

地域活性化に必要なファクター　都市と地方は対立ではなく、支え合うもの

そもそも、考えてみれば、都市と地方は決して対立関係ではありません。地方は都市に人材や食料を供給し、都市はそこで経済活動を通じた富を生み出し、地方に還元します。それが経済成長の典型的なモデルであり、行政の仕組みとしての再配分機能（地方交付税など）にもつながります。そのバランスがとても重要です。

資本主義経済の成長には、農業人口（余剰人口）の都市への流入が不可欠でした。いわゆる「ルイスモデル」とも呼ばれる開発経済理論に即して、人的資本の集約（いわゆる「人口ボーナス」）と生産性の向上が、経済成長の発展をもたらしました。ただ、どの国においてもそうですが、一旦人口ボーナスが終わると、すなわちひと通りの余剰人口の移動が終わると、次の展開が現れます。都市は人口の再生産には最適化されていない環境ですので、都市だけでの人口維持は困難で

す。そのために地方からの人口流入を欲するのですが、地方は過度の人口流出による過疎化の問題にさいなまれます。さらに進むと社会全体での人口減少が始まりますが、都市も地方もこれまでの人口動態に即した行政・経済の仕組みのままであれば、バランスをとることは不可能になります。これが現在の状況であり、少なくなる人口を都市と地方で取り合いをして解決する話ではありません。

そこで出てくるのが、限られた人口を「交流」という形で、都市と地方でシェアするというアプローチです。私はそれを、大学時代の恩師である家田仁教授の下で、修士論文にて取り組んでみました。

当時はまだ、いまで言う「関係人口」という言葉が生まれていなかったので、私の論文では、「汎住民」という言葉を作りまして、その地域には住んでいないけれども、その地域に愛着や関心を持ち、行き来などもしながら、その地域のために一定の貢献を果たす人たちという定義を置きました。その上で、まずこのような「汎住民」との交流が地域の活力につながっているのかどうか、アンケートを取り、住民の主観的な印象を調査しました。そうすると、その時は山形県内の数市町村での比較でしたが、汎住民との交流が多いほど、地域に活力を感じている住民が多い傾向が出てきました。

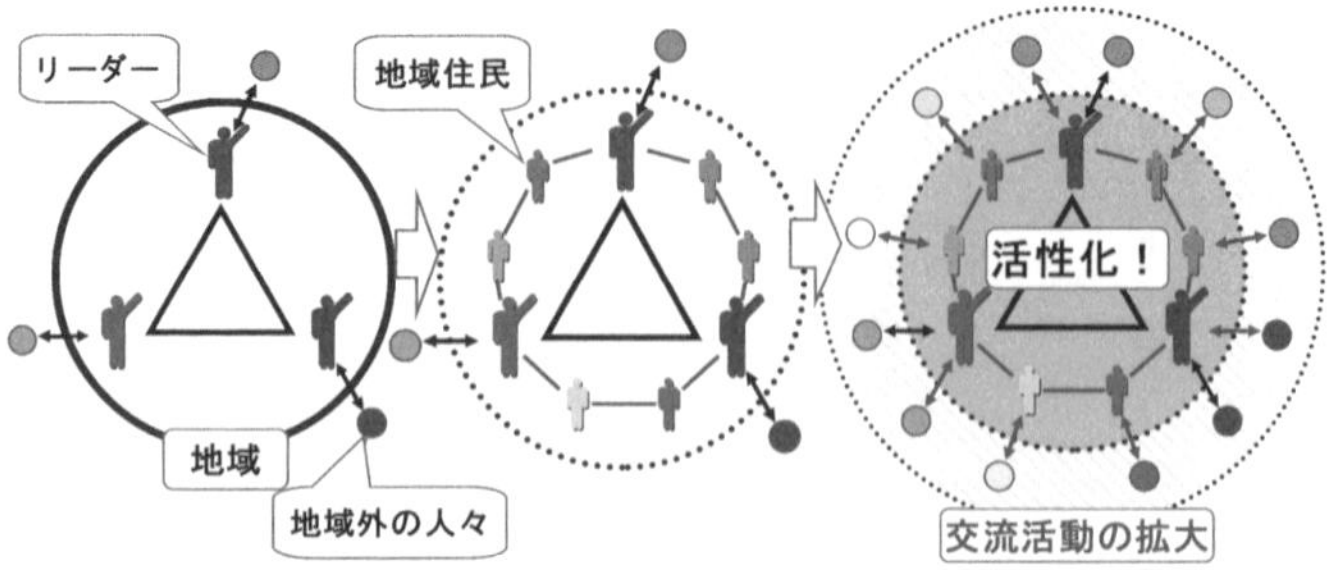

リーダー達の「活動力」		地域住民の「交流力」
①連帯性（中央の三角形：△）	＋	④連帯性（――）
②多様性（リーダーの色）		⑤多様性（人々の色）
③開放性（⟷）		⑥開放性（地域の境界線：○）
地域の「交流力」		

そうすると、ではどうやれば汎住民を増やすことができるのか、という点が気になります。よくあるのは、イベントをしようとか、企業誘致しようとか、広報をしようとか、何かアクションをすることだと思うのですが、私の関心はそうではなく、地域性そのものにありました。どのような地域であれば、汎住民が生まれやすいのか。これもアンケートでの傾向を分析し、汎住民が生まれやすい要素として、3つの要素を抽出しました。

まずは「開放性」、これはよそ者や新しい物事の受け入れやすさです。閉鎖的な地域では汎住民との交流はそもそも生まれにくい、というのはある意味当たり前ですが、言うは易く行うは難し、の典型的な例でもあります。次に「多様性」、その地域に多様な属性の住民がいるほど汎住民が生まれやすい、さらには「連帯性」、これは英語では solidarity と訳しました

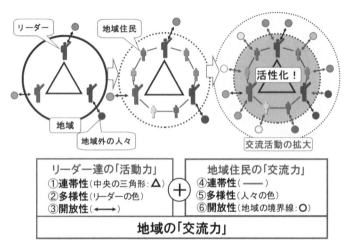

が、地域社会の結びつきの強さです。一定の土台が地域になければ、地域としての魅力や受け入れの体制構築もできず、結果として汎住民に振り向いてもらえない、ということです。

これらの3要素を「地域活性化のための3つのファクター」として、論文としてまとめました。修論発表の際には、自分の不勉強のため散々な出来で、とある先生からは「これは研究じゃないよ」とまで言われてしまいましたが、自分の中ではひそかに大きな手ごたえを感じていました。その時には内閣府に就職することが決まっていましたし、実務家・実践家として、いつかこの考え方をどこかで現実に使ってみたい、そんな気持ちでいたことが、10年後に福井県大野市で実現することになります。

イギリスで学んだ自治の精神　自分たちの地域を自分たちで支える「誇り」

内閣府に入って4年目の時に、イギリスのロンドン大学に留学する機会をいただきました。そのころのイギリスはポンドがとても強くて、日本円で手当てをいただきながらの生活だったのでなかなか苦しいところもありましたが、夏休みなどの機会を活用し、ブリテン島をほぼ一周する勢いで、各地を見て回ることができました。

イギリスは日本と同じく、君主を戴く議院内閣制の国ですが、大きく異なる点が分権のあり方です。もともとが異なる国であった地域を束ねた「連合王国」であるイギリスは、１９９７年のブレア政権の際に大きな分権改革を行い、スコットランドやウェールズなどに設けられた地域議会に大きな権限を与えました。外交や安全保障などをはじめとした、国家単位でなければ扱うことができない分野はロンドンのウエストミンスターに残しつつ、地域の人々の暮らしにかかわるかなりの部分の政策を、それぞれの地域で独自に決められるようになったのです。

私はその考え方に魅力を感じ、雰囲気を味わいたくて、スコットランド議会を見学してきました。その日は議会自体は開催されていなかったのですが、議事堂に入ったり、中で説明をいろいろと聞くことができました。建物自体も素晴らしかったのですが、一番感銘を受けたのは、議員の写真と経歴が並んでいるフロアを見たときでした。本当にさまざまな経歴をお持ちの方々が議員になられていて、性別も年代も、また人種・民族もさまざまでした。まさに「一般市民」のような方が、議員として活躍されているような例も少なくなかったと思います。更に説明書きを見ると、日々の議論も暮らしに密着したことから、国全体のあり方に及ぶまで、真剣な議論が展開されているようで、ある意味でうらやましい気持ちにもなりました。

スコットランド王国がイングランド王国に事実上支配（同君連合から合同へ）されてから３００年以上たつはずですが、スコットランド人というアイデンティティを脈々と守り、自治の権限を勝ちとって、地域のことは自分たちで責任を持って決めるのだというその誇りと覚悟は、本当に重いものだと思います。

また、それは実際のところ、大きな国としてまとまって政策を進めるよりも、リソースや選択肢が少なかったり、周囲からの影響を大きく受けたりする、などの観点から、不利なことも多いのではないかと思うのです（企業でも自治体でも、合併はよく採られる手段ですが、分割した自治体というのはほとんど聞いたことがありません）。そう考えると、自決権の確保、誇りを取り戻すなど、きれいごとを言うことは簡単ですが、それを実践することは地域の一人ひとりにとってとても重荷でしょうし、実際の生活にリスクを抱える要因にもなりかねません。それにも関わらず、考え抜いた上で分権を目指し、かつ多くの方が納得する形で制度化し、社会に組み込んで進めていくというその真摯な姿勢は、大いに見習うべきだと心から思いました。

さらには、この時期はまだ自治・分権の強化までの展開になっていましたが、その後には皆さんご存じの通り、イギリスではスコットランドの独立の是非を問う住民投票があり（結果は否決）、さらにはイギリスのEUからの離脱が国民投票にて選択されました。確かに、経済的合理性などの観点から、EU離脱は不合理な選択であるという主張もよくわかります。しかし、このイギリスの各地における自治の精神、自分たちのことは自分たちで決めるんだという精神の強靭さが、この国を支えてきているのだということに思いを馳せれば、もしかしたらEU離脱という選択は別段不思議なことではないのかもしれません。

日本における地域活性化の文脈に立ち戻れば、地方の側においても、都会に人口が流出するとか、再配分が少ないとか、いろいろな難しい構造的問題は確かにあります。ただ、課題に直面した際に、本当にその地域の住民が自らの力を最大限に使って、それらの課題に取り組み、将来世代のためにその地域を守ろうとしているのかどうか。自らの自治で地域を支えていくという気概があるのかどうか。人口がいくら少なくなっても、地域は無くなりません。ただ、支えるという気持ちが無くなった時に、地域は消滅します。その地域に誇りを持ち、夢を描けるかどうか、それは一人一人の気持ち次第だなと、イギリスでの経験を振り返って強く思います。

大野市での渾身の実践　小さなまちでも高い手を挙げて、「夢」をめざす

地域活性化に取り組む上で最大の転機となったのは、2016年から約2年間、福井県にある大野市という自治体への、副市長としての出向でした。人口約3万人という小規模な自治体、まさに人口減少時代における課題の最前線で、地域の課題に正面から取り組む機会を得られたことは、本当に幸運で、自分にとってかけがえのない出来事でした。

内閣府は基本的には、官邸回りや省庁間の調整を行う役所ですので、地方の出先機関も無く、地方自治体への出向枠もほとんどありません。この時は、地方創生という政策が安倍内閣において打ち出され、当時の担当大臣であった石破茂さんが、小さい自治体にこそ国の職員が行ってしっかりと現場の役に立たないといけない、ということで制度設計をされて、小規模自治体への出向ルートが各府省に追加的に設けられたタイミングでした。私はたまたまその流れに乗って、大野市に行かせてもらうことができたのです。

大野市での取り組みの詳細は後段に譲りますが、当時の自分なりに全身全霊で仕事に打ち込んだということは、自信をもって断言できます。冒頭にも書きましたとおり、確かに自分は北海道生まれの道産子ですが、意識としては「地方人」であり、地方が抱える課題に取り組むという面で、特定の地域にこだわりがあったわけではありませんでした。人口減少という大きな流れに直面している地方においては、多くの課題はある意味共通で存在し、その対処に向けてそれぞれの地域が持つ資源をどのように活用し、立ち向かっていくかということが問われています。これまでに蓄積してきたこと全てを、文字通り総動員して大野市での仕事に取り掛かりまして、任期の2年が終わるころには、いまだから言えますが、正直なところ燃え尽きていたかもしれません。それぐらい、後先の事も考えず、持てる札はすべて出し切って空っぽになった2年間でした。

そこでのベースはやはり、修論で見出した3つのファクターでした。大野から国内外のあらゆる人たちと繋がり、支え合っていくという交流の力を最大限に発揮したい。そのために、大野が開かれたまちになり、多様な方々が尊重し合うまちになり、さらには自らの地域に自信と誇りを持てるまちになる。小さなまちが掲げる大きな夢です。

水を通じた世界との助け合い、分かち合いを通じた人口減少対策と銘打ったCarrying Water Project（CWP）などは、まさにこのファクターをそのまま盛り込んだようなプロジェクトで、これほどやりがいのある仕事はこれまでに出会ったことが無かったですし、今でも続けられているのは自分の信念を体現した取り組みだからだと思っています。

また、大野の市民の皆さん、市役所の皆さんからは、大野という地域への誇りがひしひしと感じられました。皆さん奥ゆかしいので、口では「何もないところだから」とおっしゃる。でも接していくと、大野という地域に対する猛烈な誇りがある。それはもしかしたら、客観的に見れば十分な根拠に基づいていないかもしれない。でもそれでいいと思うのです。自分のまちを無条件で好きになる、なんと素敵なことではないでしょうか。イギリスに行ったときにスコットランド議会で感じた「自治の精神」が、大野には失われずに残っていました。私はそこで大野の方々から多くのことを学び、多くの刺激を受け、育てていただいたことに感謝しています。

このように、燃え尽きるほどのめり込む仕事に出会ってしまうと、元の役所に戻ることは正直難しいものです。私が役所を辞めて独立したのは、第6章や第8章に書いてあるようなさまざまな理由の分析はできますが、やはり大野との出会いが大きかったと思います。それまでのたくさんの思い、知識、経験の蓄積があったからこそ、大野であそこまで出し切ることができました。更にそれに加えて、今度は役所や民間という特定のセクターに縛られることなく、地域活性化の渦を作るような取り組みをしてみたくなりました。それぞれの所属、世代や性別、学歴や職歴など、あらゆる境界を越えて、人々が力を合わせて自治の精神を発揮する、まさに地域を全員で支えるような世界を生み出してみたいと思ったのです。

そして、それをするには、まずは自分から飛び出すしかありません。そうして私は、「夢と誇り」を掲げて、独立するに至ったのかなあと、いま振り返ってみると思います。

第2章

水を運び、世界を潤す　グローバルな人口減少対策への挑戦

大臣賞の受賞や世界水フォーラムへの参加　CWPの価値が世界に広がり始めた

2023年9月に、私が代表を務める団体「一般社団法人CWP」は、パートナー企業の管清工業株式会社と連名で、東ティモールと日本との連携による人材育成や産業振興の取り組みにより、国土交通大臣賞「循環のみち　下水道賞」を受賞しました。

この賞は、一般には地方自治体における下水道行政の先進モデル事例による受賞が多いのですが、私たちの取り組みはそれとは一線を画した、国際連携を通じて海外のインフラ整備を支援する(=日本からのインフラ輸出)とともに、育成した人材の日本での活躍による地域活性化や産業振興など、両国の共創共栄を視野に入れた取り組みという点が評価され、「イノベーション部門」での受賞となりました。私たちが長年取り組んできた、水を通じた人口減少対策・地域活性化の取り組みである「Carrying Water Project(CWP)」の実績が積み重なり、大きく評価さ

水問題共助 世界へ発信

大野のCWP「フォーラム」初出展 バリ

東ティモール大統領表敬 協力誓う

ＣＷＰのブースでこれまでの取り組みや理念を説明する今さん（左）＝インドネシア・バリのヌサドゥアコンベンションセンター（今さん提供）

インドネシアのバリ島で開かれている水の国際会議「第10回世界水フォーラム」で、東南アジアの東ティモールで水道技術者育成などに取り組む大野市の一般社団法人「ＣＷＰ」が初めて出展した。各国の関係者へ活動内容や理念を紹介し、水問題における助け合いの重要性を提示。東ティモール大統領にも表敬訪問し、両国の共栄へさらなる協力を誓い合った。（北川奈々聖）

フォーラムは、NGO「世界水会議」（本部フランス）が開催国と3年ごとに開く、水に関する世界最大級の国際会議。今回は20～25日の日程で、政府や国際機関、企業の代表者、専門家らが一堂に集い、世界の水問題について議論したほか各国のパビリオンが設けられ、日本のパビリオンにはCWPなど30以上の団体が出展した。

東ティモール大統領（中央）を表敬訪問した今さん（右から2人目）ら＝東ティモールの大統領府（今さん提供）

CWPのブースでは20日から24日まで、今洋佑代表理事（元大野市副市長）やパートナー企業の下水道管路施設維持管理会社「管清工業」（本社東京）の長谷川健司社長らが活動内容を説明。現地の国立職業能力開発センターと連携し、研修生を大野市や同社などで受け入れた後、今さんが社長を務める大野市の会社「ＣＷＰ　ＧＬＯＢＡＬ」の現地事務所で雇用する能力開発プログラムなどを紹介した。

今さんは「現地の目線に立った取り組みとして（来場者から）すごく評価してもらった」と手応えを感じ、「テクノロジー中心の協力とは違う形で、互いに細く長く共に産業化を目指すやり方が正しいという思いを改めて持った」と述べた。

今さんらは23日に東ティモールを訪れ、ラモス・ホルタ大統領と会談。大統領からは、感謝と今後の協力を約束する言葉をかけられたといい、今さんは「われわれの活動の価値を理解いただけたことは光栄で心強い。雇用した研修生を仲間とし、今後も産業を一緒に広げていきたい」と話した。

（2024年5月25日付 福井新聞）

れたことは本当に嬉しい出来事でした。

また、2024年5月には、私たちの活動やそれを支える理念を世界に伝えるべく、インドネシアのバリ島で開催された「第10回 世界水フォーラム」への参加が実現しました。長谷川健司社長をはじめとした管清工業の皆さんのご参加はもちろんのこと、これまでともに活動に当たってきた金沢大学の藤生慎准教授や、東ティモール側のパートナーである水道公社のカルロス理事長、国立職業能力開発センターのバレット所長にもお越しいただき、世界に向けて、両国の共創共栄の取り組みを発信しました。

この世界水フォーラムには、2018年の第8回大会(ブラジル)においても、当時は大野市役所の立場で参加し、2015年から大野市が開始したCWPの取り組みを紹介し、日本ブースに立ち寄られた当時の皇太子殿下(現在の天皇陛下)へのご説明をさせていただく栄誉にもあずかりました。それから6年間、実施主体が市役所から一般社団法人に移り変わるなかでも、しっかりと取り組みを続けて仲間も増え、こうしてまた世界に向けた発信ができたことは、水という地域資源が持つポテンシャルの高さを証明していると思いますし、活動を続ける原動力でもある、大野市民の水への思い、自信や誇りが本物であることの証明でもあると思っています。

このCWPの取り組みは、近年さまざまなところで取り上げていただいており、大学のシンポジウムや講義での講演、「エコプロ2023」などの展示会での発表、管清工業と開発した水循環ゲーム「めぐるめぐみ」を活用した出前事業の実施など、全国でさまざまな展開を見せています。また、金沢大学を中心に、東ティモールでの研究活動も進めていただいており、海外学会で受賞した研究が生まれるなど、まさに産学官が連携した取り組みへと発展しています。

このような、水を通じた地域活性化・国際交流の取り組みであるCWPを、私はまさにライフワークとして取り組んでいます。この取り組みがどのように生まれ、何を目指しているのか、そのことをこの章ではご紹介していきます。

そもそもは、大野市が挑んだ「水」を通じた人口減少対策

このCWPと私が出会ったのは、2016年、副市長として大野市に出向したときでした。当時大野市では、地域資源を活用した人口減少対策を進めるべく、電通関西との間で連携協定を締結し、電通が持つさまざまなノウハウやネットワークと、大野市役所が持つ地域への思いや知見

を組み合わせた新しい取り組みを模索していました。その中で私が就任する前年の2015年に生まれたのがCWPでした。これは、そもそもの発端はシティプロモーション、すなわち大野というまちの知名度を上げることを目指した取り組みでしたが、有名になるだけでいいのか、本当に必要なことは何かという議論が展開され、人口減少対策としての成果を得るための考え方や仕掛けが発展していったのです。

「水」という地域資源を使うことは、市役所の職員の皆さんの強い気持ちからでした。他にもさまざまな価値のある資源が大野にはありますが、古くから豊富な湧水に恵まれ、水とともに暮らしてきた大野の人々にとって、水はかけがえのない、まちの誇りそのものですし、地下水が枯渇した時代から市民が力を合わせて保全活動を行ってきた経緯もあります。ただ、その水を、単なる観光資源としてアピールしたり、あるいは水そのものを名水として販売するのでは、結局自分たちの利益を求める活動に終始してしまいます。そうではなく、大野に根付く助け合いや分かち合いの心（「結」の精神と呼んでいます）を通じて、国内、そして世界と水で繋がり、助け合い、分かち合う中で大野というまちの価値を高め、また市民の自信と誇りにつなげていく。そのことで大野の応援団、いまで言うところの関係人口を増やし、さまざまな交流や経済活動につなげていけば、人口が減っても大野は元気なまちとして、世界とともに繁栄することができる。それがCWPの考え方です。

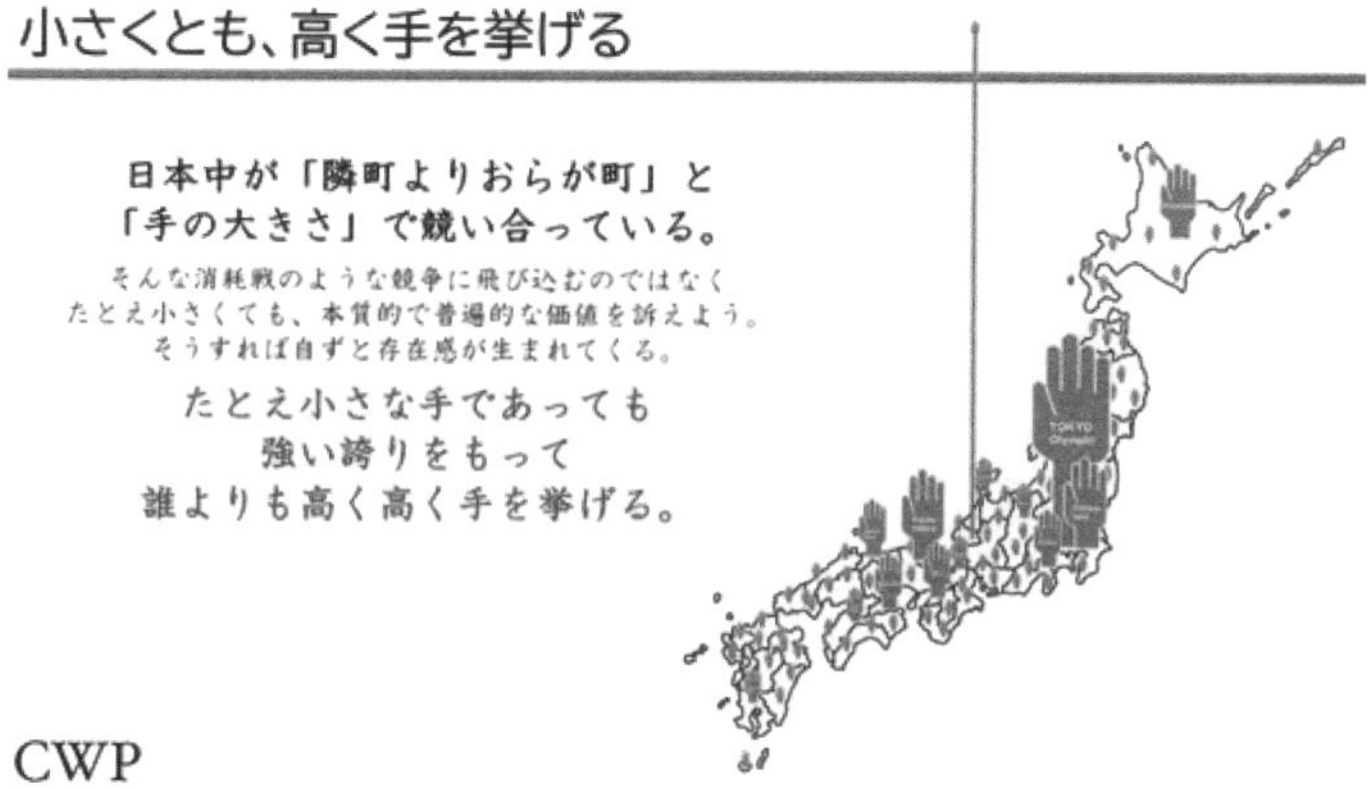
小さくとも、高く手を挙げる
日本中が「隣町よりおらが町」と
「手の大きさ」で競い合っている。
そんな消耗戦のような競争に飛び込むのではなく
たとえ小さくても、本質的で普遍的な価値を訴えよう。
そうすれば自ずと存在感が生まれてくる。
たとえ小さな手であっても
強い誇りをもって
誰よりも高く高く手を挙げる。

CWP

そのことを象徴的に示す言葉が、「小さくとも、高く手を挙げる」です。確かに大野というまちは、世界から見れば見えないぐらい小さいまちですし、人口減少にさいなまれる一地方都市にすぎません。でも、まずは手を挙げることが大事で、そうするとたくさんの人が見てくれて、大野のすばらしさを知り、繋がってくれる。この交流を生み出すことが、大野が生き残るために欠かせないことではないか、そのために勇気をもって手を挙げるのが、CWPです。

実は、このように書いているCWPの考え方は、第1章で紹介した、私が修士論文で書いた交流と地域活性化との関係の研究に、とても沿ったものになっています。私自身、着任してからCWPの存在を知り、その内容を皆さんと相談しつつブラッシュアップする中で、自分の論文の内容を常に意識して取り組んできました。大学時代から考えていた地域活性化に向けた課題に対し、自分の仕事として取り

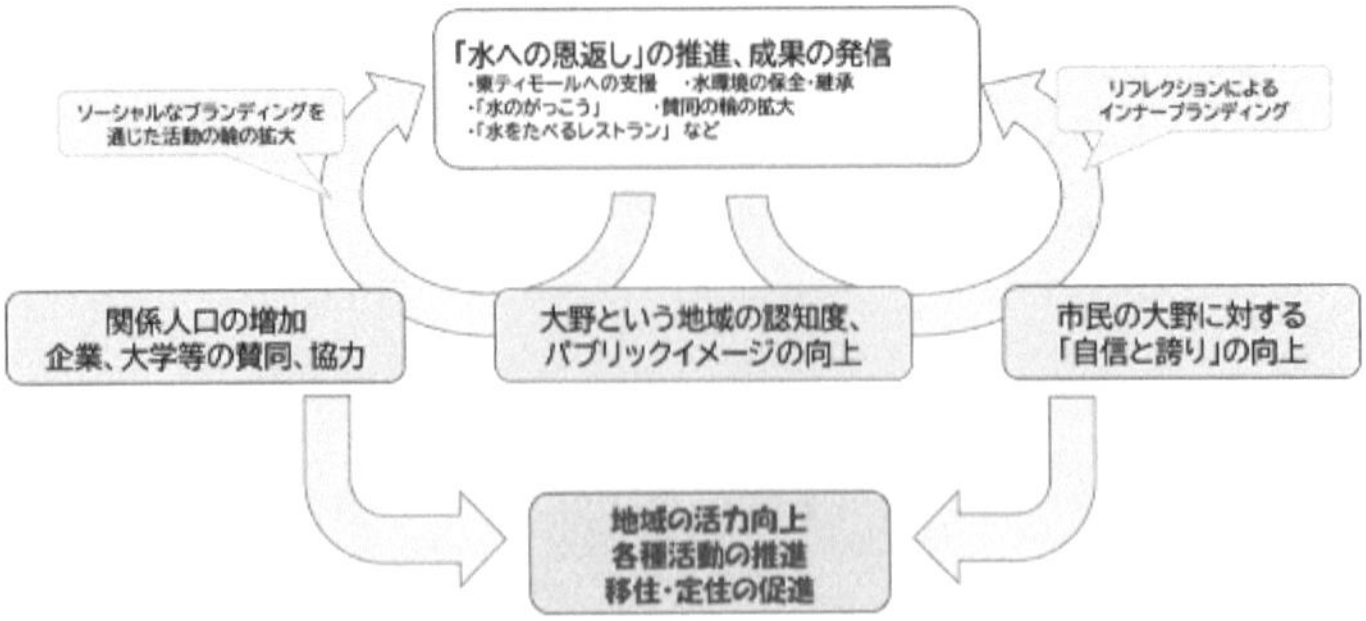

組める機会をいただけることは本当にありがたかったですし、その中でだんだんと、自分の考えだけではなく、大野というまち、そこにある水という資源の重みや価値に自分もほれ込んでしまい、関係する皆さんと一緒にこの取り組みをどんどんと発展させようという思いが大きくなっていきました。こうして、私はすっかりCWPにはまってしまったわけです。

具体的な活動は多岐にわたっていましたが、その中で最も重要な活動であったのが、水を通じた東ティモールとの連携活動でした。

大野市と日本ユニセフ協会との間で連携協定を締結し、2016年度から、年間10万ドルの寄付を3年間、市民の皆さんや事業者の皆さんからいただき、それを活用して東ティモールの村部に簡易水道設備を整える、というのが大きな枠組みでした。これは、一見すると単なる慈善事業ではないか、というふうに思えるかもしれませんが、狙いとしては更に大きなものがありました。

寄付をいただくために、市内のあちこちのお店や施設に、職員が一軒一軒回り、募金箱を設置していきました。また、大野で毎年開催される「名水マラソン」で走った距離に応じて寄付がなされるなど、さまざまなイベントや仕掛けを通じ、市民の皆さんにCWPという活動を知ってもらい、東ティモールというなじみのない国名を通じて世界の事にも意識を向けていただく中で、大野の水の持つ価値やありがたさ、大野から世界を見るという感覚など、さまざまなことを感じてもらいたかったのです。それにより、地域の中で暮らしているだけではわからない、大野というまちの持つ可能性が認識され、地域への誇りの醸成や、外からの地域の評価を知ることで自信に繋がることもあるでしょうし、大野にいても世界と繋がり、何か新しいことができるんだという機運を高めることに繋がることを期待していました。当時の言葉ではこれらの要素を、「水で未来を拓くまち」と表現していたように記憶しています。

実際に、ただ支援をするだけではなく、東ティモールの学生が大野に来たり、逆に大野の水道事業者が東ティモールに行くなどの交流も生まれました。さらには、大野で東ティモールコーヒーを販売し、その売上の一部をCWPの活動に寄付してくれる団体「CROP」が立ち上がったり、お土産品として東ティモールコーヒーを活用した新しいお菓子を売り出すお店が出てきたりと、人的交流や経済活動などさまざまな面において、東ティモールとの連携はたくさんの可能性を生み出しました。

さらには、水を通じた活動として、大野のこれまでの地下水保全の知見や東ティモールとの取り組みなどをコンテンツとした教育用の本「水の本」を作成し、全国の小中高・特別支援学校に配布するなど、「水のがっこう」と銘打った教育・研究活動も展開しました。また、大野で培われた、水を生かした食文化を後世に伝え、発信していく「水をたべるレストラン」事業も展開し、地域の若い方々が自主的にイベントや商品開発など、さまざまな取り組みを楽しんで行ってくれました。

さらには、このような活動を、単なる大野というまちの宣伝（プロモーション）ではなく、水の価値を社会と共有するという側面から、意志の込められた広報活動を進めていきました。その結果、2017年に日本経済新聞に掲載した意見広告が「日経広告賞」の環境大臣賞を受賞したり、2018年の世界水フォーラムにおいて、学術セッションで事例紹介の機会をいただいたりするなど、さまざまな形でCWPを評価いただき、結果として大野の知名度の向上、さらには大野というまちのイメージアップにもつながりました。そのことは、CWPの取り組みに協賛してくれた企業が数多く出てきてくださったことからも、明らかだと思っています。そのような協賛企業の一つが、いま一緒になって取り組みを発展させてくださっているパートナー企業の、管清工業さんでした。

実際に、そのころからの大野市内での変化を振り返ってみると、このＣＷＰを契機として、これまで以上に、若い方だけではなく多くの市民の方、あるいは移住定住してきた方々が、大野で新しい取り組みを始めたり、何かを仕掛けようとする機会が増えているのではないか、と感じています。私個人がそう感じているだけではなく、いろんな方がそうおっしゃっていて、ＣＷＰが外向きのプロモーションにとどまることなく、地域住民のエンパワーメントにもつながったことは、まさに政策としての狙い通りであり、本当に嬉しいことでした。

ただ、このＣＷＰの弱点は、大きな成果が出るまでにとにかく長い時間がかかるということでした。大きな取り組みをわかりやすく展開するのではなく、水への思いを共有し徐々に形にしていくという、なんともじわじわとした取り組みであり、また一見すると東ティモールへの慈善事業や、全国への水教育の展開にしか見えず、その真の目的がわかりにくいところもありました。ただでさえ、自治体が長期的に一つの施策を続けていくことは、さまざまな要因があり難しいと言われています。このＣＷＰも、大野市が直接事業として持つ形では、継続には限界があったのも確かだなと、いま考えると思うところもあります。

水のように広がる活動　小さい団体の志が、大きな展開を生み出す

このCWPを広げるべく、私は責任者として、企業や関係団体への営業や連携のためにフロントに立って飛び回っていたのですが、ある時からとても不思議な感覚を持つようになりました。それは、なんというか、導かれるように案件が進み、助けてくれる人や団体と繋がり、まさに水のように取り組みが広がっていくような感覚です。私だけではなく、二人三脚でCWPに取り組んでいた、当時の担当室長の帰山寿章さん（現・一般社団法人CWP理事／大野市議会議員）も、同じような感覚をお持ちだったというのです。CWPという活動は、大野市のためだけではなく、何か社会にとって役立つ側面を持っている活動であり、水によって生かされてきた大野市に関わる人間として、これを進めることがある意味課せられた役割なのかもしれない、と思うほどでした。

とはいえ、私も当時は内閣府に紐づいた立場であり、大野への出向は2018年3月で終わりとなりました。正直やり残した感はありましたが、その時は内閣府で引き続き仕事をしようと思っておりましたので、あとのことは大野の皆さんに託して、何かできることがあればお手伝いしようかなという感覚で、次の勤務先として内閣府の外局である消費者庁に帰任しました。

そうしているうちに、市の方ではＣＷＰの予算の確保が困難になり、事実上休止状態のような感じになったと聞いていました。それはまあ仕方ないなと思いつつ、私としては当時の、導かれるように取り組みが広がる感覚が忘れられず、とてももったいないな、とも思っていました。でも、自分が内閣府やソフトバンクグループに所属していたので、副業でするには大きすぎる話ですし、体制も整わないまま一人でできることにも限りがあるので、何もできずにいたのでした。

しかし、ある意味でチャンスといいますか、２０２０年に夢研（合同会社 夢と誇りのある社会づくり研究所）を立ち上げて独立することになり、よく考えるとこれで自分はフリーなので、仲間と一緒にＣＷＰを再開できるんじゃないか、ということに気付きました。それで、すぐに、市役所で一緒に取り組んでいた帰山さんに電話して、「帰山さん、ＣＷＰまたやりましょうよ」と言ったところ、当時はまだ市の職員だったにも関わらず、帰山さんがすぐにその場で「わかりました、やりましょう」と言ってくれたのは、本当に嬉しかったですね。他にも、この時期に大野に行って飲み会をすることがあったのですが、そこでご一緒した山岸謙さん、東ティモールコーヒーの市内での販売を行う団体「ＣＲＯＰ」のメンバーで、東ティモールへの渡航経験も持つ市内の水道屋の社長さんですが、彼に「また東ティモール行きたくないですか」と聞いたところ、

「水道施設を寄付しっぱなしでは大野市民として責任を果たせていない、その先の技術共有や連携までしっかりとやり遂げたい」と言ってくれました。

こうして、帰山さん、山岸さんという大野市民と、市でCWPを進めていた際に関わってくれていた市外専門家の石原知一さん、槻木比呂志さんというメンバーを加え、一般社団法人CWPを立ち上げました。なお、その際に、CWPやCarrying Water Projectという名称、過去の資料や写真などについて、大野市が無償での使用を許可してくれたことは、CWPを再始動するに当たり本当に大きな力となり、ありがたいことでした。

また、この一般社団法人を立ち上げたということで、市事業時代にお世話になった市外の方々にご挨拶に伺ったところ、多くの方がとても温かく迎え入れてくださり、待ってましたと言わんばかりの反応をくださった方も少なくありませんでした。大野という小さなまちでの、それも数年間の事業に過ぎないCWPではありましたが、こんなにも多くの方に覚えていてもらっていたことがとても嬉しく、事業として市内外でしっかりと根付いていたのだということを再確認できましたし、大野の水、CWPについて改めて自信を持つことができました。

さて、一般社団法人は、営利企業ではないですが、民間の団体です。これまでは市役所という公的機関がこのCWPの取り組みをしてきたので、そこには大野市民のためという大義というか

「水」切り口に 地域活性化へ

大野市民ら法人設立

メンバー8人リモート会議

活動モデル構築目指す

大野市民が大切に思っている「水」にスポットを当てた地域活性化の活動母体にと、市民有志らと同市の元副市長の男性がこのほど一般社団法人を立ち上げた。民間レベルの取り組みを計画しておりメンバーは「活動の様子が市内に広がり、一人でも多く参加してくれるといい。大野を開かれたまちにしたい」と意気込む。　（高谷優菜）

リモート会議で活動について意見を出し合うメンバー＝4月20日夜、大野市元町の「カンケイ商店」

団体は「Carrying Water Project」（CWP）。2015年度から同市が進める水を通じた同名の人口減少対策事業の理念に共感した有志が市内外から集った。代表は16年5月から約2年間、同市副市長を務めた今《こん》洋佑さん(38)＝川崎市＝が務める。

市事業では、湧水に恵まれた古里を市民に誇りに感じてもらおうと▽東南アジアの島国、東ティモールに給水施設を整備した「水への恩返し」▽地元の名水から生まれる地場産品をブランド化する「水を食べるレストラン」▽水環境について学んでもらう「水のがっこう」―の三つを主に展開した。

CWPは、これら3事業をベースに独自の取り組みを進める。具体的には、東ティモールに市民を派遣するなどの新たな水支援活動や、水に特化したテキスト作りなどを計画している。

今代表は「市の三つの事業は市民の中にレガシー（遺産）がある」と説明。市民活動を深化させ、地域活性化につなげる「大野市モデル」を構築。地域課題を解決するノウハウを他地域にも伝えていきたいという。

4月20日夜にはメンバーら8人がリモートで会議。今後の活動について意見を出し合った。

理事の一人で、東ティモールへの視察経験がある山岸謙さん(46)＝大野市春日＝は「現地では学生が水道工事の技術を学んでも就職先がない。再び渡航し、その受け皿を作ることができれば」と話す。「コロナ禍だが、支援の実現に向けて今から準備を進める」と意気込んでいる。

（2021年5月13日付 福井新聞）

正当性が自然とありました。他方で、活動に市の税金が投入されているということも含め、大野のためという枠からはどうしてもはみ出ることが難しかったですし、例えば会社を設立するなど、ビジネスの流れにのせた活動の展開を図ることも難しい側面がありました。

一般社団法人になってからのCWPは、その壁を超えることを意識的に取り組んでいます。例えば、コンセプトとしても、大野での取り組みはパイロットケースなのでこれは更に成長させつつ、水を通じた地域活性化のノウハウを他の地域でも活用する手助けをしたい、ということで打ち出しています。行政だけではなく企業や大学などとも、寄付をいただくような一方的な関係ではなく、両者がともにメリットがあるような連携の在り方を柔軟に考えることを目指しています。大野市のため、となると取り組みの範囲も限られますが、お互いのため、あるいは世の中のためということで、取り組みの幅を飛躍的に拡大することができるようになりました。

その中でも特に大きなパートナーとしてご一緒いただいているのが、管清工業株式会社、金沢大学、そして福井県庁になります。それぞれの取り組みの詳細は、この後順番に当事者との対談が出てきますので、そのパートをご覧いただければと思います。管清工業との間では東ティモールでの水道事業を通じ両国での経済活動を展開する「CWP GLOBAL株式会社」を共同で設立し、ビジネスの切り口から国際連携を進めています。金沢大学とは共同研究協定を締結し、インフラにまつわる研究や学生への教育、東ティモール側の人材育成などの観点から、連携した活動を展開しています。福井県は、幸福度日本一の県として、国際交流とウェルビーイングとの関係から東ティモールでの取り組みを模索していただいています。

このような多岐にわたる活動が展開できるのも、一般社団法人として立ち上げた強みです。我々の団体はメンバーも全員副業ベースで、時間もなければ人手も足りず、もちろんお金もありません。それでも、これまでの活動の積み重ねと、社会に訴える理念、水と地域活性化への思いがあれば、志を同じくする仲間が見つかり、お互いにリスペクトしつつ、取り組みを発展させることができます。在日本東ティモール大使館のイリディオ大使や、在東ティモール日本大使館の木村大使など、両国政府を代表する方々にもさまざまにお力添えをいただきながら、取り組みを進めることができています。

このように、小さな団体であっても、志があり、仲間がいれば、大きなことができます。国土交通大臣賞の受賞や世界水フォーラムへの出展、さらにはノーベル平和賞受賞者である東ティモールのラモス・ホルタ大統領への表敬・意見交換など、通常ではいただけないような幸運にも巡り合えます。CWP GLOBAL株式会社の東ティモール支店を正式に登記して、CWPメンバーの槻木さんに現地責任者として滞在していただきながら、現地人材を雇用して実際にビジネスを開始することも現実のものとなりました。そこで育った人材が、日本で活躍することで人口減少対策につながる道筋も見えてきています。

時代は共創共栄　新興国を助けるだけではなく、日本も助けられ、ともに栄える

私たちがいつも使っている言葉に、「共創共栄」というものがあります。これは、私たち一般社団法人ＣＷＰがこだわっている理念を表す言葉で、国と国の間だけではなく、自治体間、地域間でも当てはまるものです。

そもそも、ＣＷＰの理念は、「小さくとも、高く手を挙げる」でした。それぞれが自分の立場でできることを精一杯行う、それで地域が元気になる。そこには例えば人口の取り合いであったり、どこか一つが勝者となりあとは敗者となるような、行き過ぎた競争を排除したいという考えが盛り込まれています。そもそも、日本国内で考えても、人口が国全体で減少する中で、数十人・数百人の人口を隣同士で取り合っても、結局は全体が疲弊するばかりです。国同士でも同じで、人口は減っていくものの経済は成熟している日本と、人口は増えていくが経済的に未発達の東ティモールが相補関係にあるように、常にお互いが助け合うという感覚が重要になってきています。

東ティモール技術研修生

大野で汚水処理学ぶ

下水処理のシステムを学ぶ研修生ら＝13日、大野市下水処理センター

東南アジアの島国東ティモールの水道技術研修生２人が来日し13日、大野市下水処理センターなどを訪れ汚水処理の仕組みを学んだ。

同国の水環境向上に取り組む大野市の会社「ＣＷＰ　ＧＬＯＢＡＬ」と現地の国立職業能力開発センター、下水道管路施設維持管理会社「管清工業」（本社東京）の覚書に基づき２月に来日。セリリア・ダ・シルバ・マグノさん（24）ら研修生２人と同センター責任者の計３人が11日から大野市を訪れている。

市下水処理センターでは、環境保全のために生活排水を集めるセンターの役割や微生物を利用した汚水処理方法について説明を受け、沈殿池や配管を見て回った。セリリアさんは「東ティモールでは汚泥を処理することがないので勉強になった。母国に帰ってできることをしたい」と話した。３人は上水道管の設置工事現場も見学。有終西小児童との交流もあった。

研修生は14日まで市内に滞在。３月20日まで管清工業の神奈川県内の施設で研修を受け、ＣＷＰ　ＧＬＯＢＡＬの現地事業所で働く予定。　（塚本剛史）

（2024年2月14日付 福井新聞）

つい最近も、2024年1月から東ティモールの水道技術者2名が日本に2か月間滞在し、管清工業の研修施設「厚木の杜環境リサーチセンター」で研修を行い、2月には大野市を訪問して水環境や施設等の見学を行いました。彼ら2名は帰国後、CWP GLOBALの社員となり、東ティモールの首都ディリでの水道維持管理ビジネスの立ち上げに従事しています。将来的には技術を高めて、日本で仕事をしたいという思いもあるようです。このような形で、東ティモールでは雇用を生み出して経済を回し、日本へは人材を供給していくという、両国の共創共栄を実現することは、CWPの取り組みが当初から目指していた人口減少対策の一つなのです。

われわれ一般社団法人CWPも、いまは大野のためだけではなく、他の地域、他の分野、他の国と助け合い、ともに活動を盛り上げることを通じて、結局は大野にそれが返ってくる。その積み重ねによって、大野というまちがいつしか、水の聖地のように世界的に知られ、ただ水がきれいでおいしいというだけではなく、その水を通じた活動の実績と精神性、そこを支える市民のすばらしさによって、尊敬を得て、関係人口の増加につながっていくことになります。それが、官から民へ実施主体は移り変わっても、ぶれずにつながっているCWPの目指すターゲットであり、CWPが実現したい地域活性化の在り方だと確信しています。

小さな団体の価値を示す有名な言葉の一つに、アメリカの文化人類学者であるマーガレット・ミードが残したこのような言葉があります。

「『知識があり覚悟を決めたからといって小人数では世界を変えられない』などと思ってはいけない。実際に世界を変えてきたのはそんな人たちなのだ。」

私たち一般社団法人ＣＷＰは、この言葉を体現するような組織として、大野のため、日本のため、そして世界のために、取り組みを更に広げていきたいと考えています。

長谷川健司 × 山本道隆 × 今 洋佑
対談 1

今洋佑は、なにゆえCWPを続けているのか

脱官僚を果たした今が、大野市の副市長時代から8年間、特別な思いを持って取り組むプロジェクトであるCarrying Water Project（CWP）。水が豊かなまち・大野を全世界に発信したいと始めたプロジェクトは、いち自治体の枠を飛び越え、首都圏の大手企業や国立大学、福井県などがその主旨に共鳴し参加や支援する一大プロジェクトに姿を変えてきている。相手国であるアジアの新興国、東ティモールではこの日本からの活動によって、水環境が大きく変わろうとしている。このプロジェクトに、最大の理解者である管清工業代表、長谷川健司の存在は欠かせない。（聞き手：加藤佳紀）

◆脱霞が関に「そう、あなたはそっちいきなさい」

山本　まずは、国内の下水道維持管理で業界大手の管清工業のトップ、長谷川社長と今さんの最初の接点から教えてください。やはり「水」つながりですか？

長谷川　実は今さんと仲良くなったのは、内閣府を退職してから、ソフトバンクグループも辞めてからなのです。最初は、前の大野市長、岡田高大さんの時に下水道事業促進全国大会があって、そこに岡田市長がお見えになっていていろいろお話しをしたら…その後、大野市さんから何か感謝状をもらうことになって…あれ、何でしたか、今さん？

今　確か、私が岡田市長から、市が「水の本」を出すので、そこに協賛していただける企業を探しているときに、「お前、管清工業へ行って、社長にお願いして来い」と言われまして、2017年だったと思います。それで僕と担当室長だった帰山さん（現・一社CWP理事／大野市議会議員）の2人で社長にお会いしたのが最初です。感謝状は、その時に協賛になっていただいたお礼でお贈りしたんです。

山本　岡田市長からのミッションだった訳ですね。

長谷川　最初僕は、今さんは大野市の一職員だと思って会ってました。そしたら、副市長だって（笑）。それから、帰山さんといろんなイベントで一緒になったり、水のフォーラムでも、大野市としてもいろいろな展示をしたい、ということで、帰山さんや今さんと、「じゃ、一緒にやりましょうか」と水の啓発活動もやり始めた。大野市は水が豊富であり、いい水が市内にあるんですよと説いていた、実はなかなかそういう自治体もなかったものので、協賛に乗ったと、そこからつながりが始まった。

山本　その後、今さんは大野市を離れて、東京（内閣府）に戻ったんですが、そこも辞めて、ソフトバンクグループに入って、さらにそこも辞めて…と。

今　そうなんです。「夢研」を起ち上げて、さらにはまたCWPをやりたいということで、帰山さんと相談して、協力してくれる企業を探そうと。その時に、すぐに頭に浮かんだのが長谷川社長でした、それで会いに行ったのが、確か2020年の冬か2021年の年明けぐらいだった。

長谷川　そうなんです。ある日突然、私に「会いたい」と言ってきたんで…で、話を聞くと、「それは面白いじゃない」と。「CWPを自分でやりたいなら、協力するよ」って言ったんです。

山本　彼の突然の目まぐるしい動きに、変な奴だなとの印象はなかった？

長谷川　いや〜「もう、そっちいきなさい」と背中を押した方ですね（笑）。見ていて、この人は絶対に役人に向かない人だと思ってましたので。いずれ、そうなるだろうなと予想はしていました。大野市の時は、随分下がって目立たないようにしていたんですね。

山本　市長の前に出る訳にはいかないしね。僕も今さんに会いに行ったのは、民間へ移ってからなんですが…一旦、内閣府に戻ったのに、ソフトバンクグループに入ったという経歴が面白くて、何をやっているんだろうと興味があった。でも、そんな行動が、人を惹きつけるんですね。一体、今さんは何をやろうというんだろうと。

そこで、CWPにすぐに理解や支援をくださった管清工業さんなんですが…下水道を敷設する工事会社ではなくて、下水道を管理する会社なんですね。いろいろ高い技術もお持ちですが、下水道を造るんではなく管理をやる、とはまたユニークですが、どんな経緯から？

長谷川　創業者、つまり私の祖父(長谷川正氏)なんですが、もともと僧侶で、戦前に米国へ布教に行った。移民した日系人のために仏教の布教をしながら、その時にこの仕事を現地でやってるのを見ていた。それでまあ、面白い仕事だなって。日本へ戻って、昭和27年に、「よし、下水道の管理をする会社を起ち上げたれ」とやり始めたんですね。一番最初は単純に「トイレの詰まりを直そう」と始めた。それで米国から専門の機械を輸入しようと始めたんですね。

山本　確か、当時の「藤原産業」ですね。その後「カンツール」という社名で現在も事業が引き継がれている。

長谷川　そうです。だから、最初から下水道を造るんじゃなくて、管理の仕事だけをずーっとやっている。しかも下水に特化したことだけをやる会社。もちろん大きな意味では下水管を敷設する管工事組合には、建設業として入っているんですけど、うちはもう管理に特化しているんですね。

山本　管理だけって珍しくないですか、同業はあるんですか？

長谷川　実はそれこそ、昭和27年ごろは、そんな会社はなくて、戦後は下水道普及促進といって普及することが先で、処理場をつくったり、管を敷設することが優先の時代でしたから、全然同業者はいませんし、トイレの詰まりさえ水道屋さんが機械を持ってちょこちょこって修理しているという時代だったのです。将来的に需要としては大きくなるだろうという考え方でやっていて、それで2代目（健司氏の父、長谷川清氏）が今度は公共下水道、つまり道路の下に敷設するので、機械とか技術を海外から持ってきて、事業を展開しました。それで僕が始めたのは25年ぐらい前ですから、建設省がやっと「管理が大事だよね」と言い出して、この福井、北陸も含め同業者が出来ました。今は業界団体がありますけど、皆さん始めて30年ぐらいの会社が多い。だから、僕らが始めた頃は、特に同業者はまったくなかった。

◆日本と真逆だから、CWPをやるべき意義がある

山本　そういう下水管理、暮らしにとって大事な水を支えている管清工業の支援を受けて、今さんは大野市の副市長時代から、現在のCWP活動につながるまで、「水」との関わりを大事にしてきた訳ですが、今さんにお聞きしたい。なぜ相手が東ティモールという新興国だったのか、下水道が整っていない国なら他にあったはずですが…。

今　大野市時代にCWPを始めた際、寄付を受け入れてもらえる相手先を、ユニセフと相談して決めた際のポイントは、若くて新しい国であること。日本がこれから人口が減る中で対応しなきゃいけない地域で、その対称性というか補完性という理由があって、東ティモールを選んだんです。ユニセフから提示があったのは確か東ティモールとネパールだったんですが、東ティモールは人口ピラミッドがもう、日本とは真逆。すごく将来があるんだけれども、今は何もできてないということで。そういう中で「続けていかなきゃいけない」というのは、大野市のような地方もそうじゃないですか。人口が減る中で地域を回していかなきゃいけない。（東ティモールは）人口が増える中で、暮らしを上げていかないといけない。その両方を回しながら、お互い助け合うというのがこれからの世界全体に

必要なんだと…それは、すごく普遍性のあるテーマだと思うんです。ただ、われわれの団体は、「何か、すごく世界のために」とか、そんなんじゃないんですよ。ひとりひとりが目の前のリアルに関わっていると感じで…こういう人を育てていきたいとか、日本で働いてもらってとか、小さいことから理念を具体化していくということに、一つの象徴的な存在としての東ティモールがあるんです。

山本　そんな今さんの思いに、長谷川社長は共鳴したんですね。

長谷川　国内の水道事業も、一つの転換点になっていて、上水道を民間委託しようという動きもあるし、これから変化していくと思うのです。そういう中で、今さんは内閣府で務めるなど経歴も多彩で、われわれと違う目線が彼にはあるんだろうなと思う。その中から、今の人々をどう支えていくか、ということ考えている。東ティモールで今やろうとしていることは、まだ初動だと思うけれども、僕らの経験を少しでも彼らに伝えられないのかと思う。東ティモールもまだこれからの国なので、ま、何だろう…長く持続的にうまく使えるようなサービスを提供できるようにするという取り組みを、続けていかなくちゃいけない。僕らも自分たちがやったことを提供できれば面白いし、向こうから来る人に対していろいろな研修をしながら、現場で本当のプロを育てていくことができる。そういうことを考えて彼といろんなことを一生懸命やっている感じです。

◆最初からビジネスではなく、良きパートナーとして

山本　今さんから「東ティモール」と聞いて、意外な国とは思わなかった?

長谷川　まだ、立ち上がって20年という国なんで、これからだから面白いかな、と思いましたね。以前に、今さんの紹介で東ティモールの駐日大使に会って話したんですが、彼が言うには、「昔、自分にはコードネームがあった」と、つまり独立の戦士だった訳ですよ。東ティモールからインドネシアを追い出すために戦っていたんだけど、「仲間が5人いて、4人は戦っていたけど、俺は投獄されたとか」とか。そんな話を直に聞いていると、あー、この人たちこれからの国なんだな、と。これからの国をすごく熱く彼らが語るので、ちょっと面白いかな、と思って。

それに先日、岸田総理に近い政府関係者に、今さんと駐日大使を連れて一緒に面会してきたんですが、東ティモールに対しいろいろな施策の話を前向きに話している。相手方の本気度が何となく伝わったのか、駐日大使はすごく熱心に話をしていましたね。

僕らはもう本当に上下水道のことを、ビジネスとして儲けるよりも、この国と一緒に成長すればよくて、そのために相談を受けて、やり取りができるといいのかな、と思うんで

す。僕は、若いころ、米国の会社にいたせいか、あんまり海外の人とかの壁の感覚がないんです。うちの会社は同業者の息子さんを預かることも多いんですが、うちで修行するわけですが、それを受け入れて、現場とか営業とか経理とか全部いくらでも教えるんですよ。そういう中で、東ティモールもその一例になればいいかな、と。いろいろな相談を受けたり、機械を使ってもらったり、お仕事やってくれない？ との話が出てくれば、そこがビジネスにもつながるんで、最初からビジネスにつなげようと考えてやるよりも、本当にその人たちが成長していく中で、良きパートナーとしてわれわれを考えてくれるといいかなと思いますね。

山本　この事例が、何だろう？ 国際援助というのか何といえばいいのか分からないけれど、東ティモールでなくても、一つのモデルになっていく可能性がありますか？

今　ありますよね。ビジネスになる可能性もあるし、一方でいま社長がおっしゃったように、最初からビジネスで儲けようと始めると、多分うまくいかなかったりとか、向こうが冷たいやつだな、と思ったりする。だから私なりのプロジェクトの柱で考えると、まず一つはやはり国際的なネットワークを築く必要がある。途上国と…世界のバランスをどうやって、保っていき、その中でグローバルな活動を展開する。そのために東ティモールのために何かをやって帰ってくる。

それから、実は考え方で大事なんですが、僕たちのこの取り組みはよく国際支援という言葉でくくられるんですが、ちょっと違うと思う。例えばじゃあ、仮に何人かの大野市民を東ティモールに連れていくと、そのままだとおそらく、今度は逆に「教えたがる」んだと思うんですよ。要するに、さっき一緒にやると社長はおっしゃってくださいましたけれども、普通はそういうところまで行かないで、何か関係を上下にしてしまうんですよ。でも大体の日本人はそうです。支援をしてあげる、という考え方ですかね。そういうんじゃなくて…でも「お互いにできることはあるよね」とか言って、まちのためにやるとか、自分のためにやるとか、そういうのがポイントで、そのための窓にしたいんです。また、自治体当局だけではなくて、こうやって長谷川社長のような民間の方に来ていただいて続けられていることが正解。国などの役所だけが義務的にやるんじゃなくって、日本の技術者が培ってきた職業人としての「誇り」のようなものをどうやって伝えるのか、などと考えると、更に視野が広がっていく。そうする中でお互い学べることもあって、それぞれの国の事情に応じて、日本側のリソースでは難しくても、東ティモールの人だからできることなんかもある。われわれはそのために立ち続けることで、そんな豊かな関係を確立していきたいと思っています。

◆ＣＷＰは小さくとも「長く継続する」活動に

山本　こんなストーリーは、なかなか、ないじゃないですか。国主導の国際援助というと、大きな商社が、資金をどーとつぎ込んだり、大勢の社員を動かしたりするイメージじゃないですか。でも、何かお返しのためにやっているみたいなところがあって、なかなかこのＣＷＰのようなパターンはないのかな、と思いますし、こういった取り組みが広がっていくことが、それが日本のいろんな発展する人たちのためになるし、世界のためにもなる。

今　お陰さまで、徐々に仲間も増えてまして、福井県庁の方でも農業人材で可能性を探ってもらったりとか、金沢大学や福井大学の先生にも現地にお越しいただき、そういう、国づくりについて研究をしながらお互い、学び合うみたいなことは増えてきていると思うんですね。

その中で意識しているのは、いま山本常務のおっしゃるとおり、大資本の力では一瞬で終わってしまうんですね。スケールは小さいけれど、「続けていかなくちゃいけない」というのが大事。そこで管清工業のそういう積み上げてきた美学みたいなものを守らなきゃいけないとも思うし、大野市民が始めた、という根っこのところ、大野市民の水への熱い思いも失わないようにしないといけない。

山本　それにしても、そういうことをやる人の情熱と、そこを支えてくれる周辺コミュニティがないとなかなかできない。大野市と今さんと長谷川社長のトライアングルは凄い。ちょっとヨイショし過ぎでしょうか(笑)。先ほどのお話を聴いていて、長谷川社長の会社ってなんかオープンじゃないですか。自分のところで開発した技術も意外と同業他社に広げたり、これは社風ですか?

長谷川　実はこれよく、何でもかんでも教えちゃっていいんですか、って言われるんですが、理由の一つは、創業者がもともと米国で布教していたわけじゃないですか。その哲学が正直残っちゃったんですよね(笑)。単純にそこなんです。それで全部教えちゃったら何もなくなっちゃうかというと、そうではなく、絶対に次に、その上の問題が出てくるし…課題はあるし、むしろ社員にも、「教えたら、もうこれはウチのものじゃないんだから、次考えろ」と言っている。新しいことを常に考えていく、姿勢ですかね。

山本　普通は逆じゃないですか。やっぱ凄い技術を持っていたりすると、独占していたいと考えるものですよね。それこそ稀有ですね。同じ意味で言うと、著作権フリーというのはこれからの時代、大事ですよね。自分たちだけがいい技術を抱えていたら、広がりがない。技術や人材をオープンにしていくことって、企業にとって冒険だと思うし、経営者にとっては怖い、勇気がいることですよね。

長谷川　どんどん教えることで市場を大きくしていくって考えなんです。その哲学で、いつか日本のシュアが満杯になっちゃってこれ以上ない、というなら、海外へいけばいいんじゃないの。次の市場をつくればいいんです。その一つが東ティモールですよ。

対談者紹介

長谷川　健司　はせがわ けんじ　管清工業株式会社 代表取締役社長

1952年生まれ。大学卒業後の1975年4月、管清工業(株)グループ企業である㈱カンツールに入社、駐在員として米国へ。その後1978年管清工業に在籍し、下水道管路管理の技術習得のため、米国シュー・フロ社に入社。国際人及び技術者として研鑽を積み帰国後、管清工業本社をはじめ各支店の要職を経て1998年9月、代表取締役社長。2006年より(公財)日本下水道管路管理業協会会長。2023年、旭日小綬章受章。東京都世田谷区出身。

山本　道隆　やまもと みちたか　株式会社福井新聞社 常務取締役営業統括本部長

1953年生まれ。1977年4月、福井県の地元紙、(株)福井新聞社に入社。事業局配属、福井マラソン立ち上げに関わる。その後、広告局を経て県外支社(大阪、東京)で営業担当。本社では企画開発、生活情報部などに在籍し、当時、新聞に折り込むタイプの雑誌として珍しい生活情報誌「ｆｕ」を立ち上げる。2度目の東京勤務で東京支社長。本社に戻り、取締役営業局長などを歴任。福井県福井市出身。

1 長谷川健司 × 山本道隆 × 今 洋佑
対談

第3章　農業は国の礎　自らに誇りを持ち、夢を抱くことができる産業へ

国や地域を支える農業　その価値を守り伝える大切さ

私が北海道出身であるということで、昔から農業とは深いつながりがあったようなイメージをお持ちいただくことも多いのですが、実際のところ、私が住んでいたのは、岩見沢市の郊外の住宅地で、農業と触れる機会はほとんどないまま子供時代を過ごしてきました。

もちろん、旅行などで道内を動く際には、岩見沢市であれば広大なタマネギ畑が目に飛び込んできますし、石狩平野の水田地帯、富良野地方のラベンダー畑、十勝平野でのジャガイモなど、まさに日本の農業を支える北海道のスケール感を感じることはありました。また、イギリス留学の際には、有名な「ハドリアヌスの長城」がある辺りなど、羊が自由に放牧されていた広大な牧草地を歩き回り、雄大な自然や放牧の景色を楽しんだものでした。その際、牧草地との境に石や木でできた塀があり、観光客が「パブリックフットパス」として歩いて散策できるようになっていま

した。塀に扉が設けられたりして観光客が放牧をゆったり見ることができる工夫がされているのです。人間が管理することで初めて自然が保護され、かつ経済・くらしとの両立が実現できる面もあるのだなと、いろいろと考えさせられる体験でした。

農業が自分にとって身近になったのは、大野市に赴任してからでした。なんといっても、当時住んでいたアパートの前に広々と田んぼが広がっていて、そこで生まれ育ったカエルがアパートの入り口に100匹以上もくっついていました。その光景が、私の子供たちにとってはとても印象深かったようでして、いまでも毎年のように、大野に行ってカエルをとりたい、と言われることもしばしばです。

大野市をめぐる中で、阪谷地区の棚田に代表される美しい田園風景や、上庄地区で特産の上庄サトイモがのびのびと茎をのばす様子など、人間と自然が農業を通じて一体となって、エコシステムを守っているのだということを実感する毎日でした。いままで、「里山」という概念があまり理解できていなかったのですが、大野に暮らすことで、これが日本古来からの里山ということなのか、と言語ではなく体験として、感覚として学ぶことができました。

もちろん、それ以降も福井でさまざまな仕事をさせていただく中で、福井平野の広大な稲作地帯であったり、あるいはハウスでのイチゴ栽培などの施設園芸、珍しいところでは鯖江市の河和田地区で生産されている「山うに」に加工される唐辛子「赤なんば」など、人々の暮らしと一体化している農業のさまざまな側面、価値を体験してきました。

そんな日本の農業ですが、皆さんご存じのとおり、次の世代に繋げていくことが大変困難な状況にあります。わが国全体が直面している人口減少という課題に最も影響を受けている産業の一つが、農業であると言えるでしょう。農林水産省が取りまとめている、農業を主な仕事としている「基幹的農業従事者」の推移をみると、2005年には約224万人だった従事者が、2023年には約116万人まで急速に減少しています。全国農業協同組合中央会（JA全中）の推計によると、これが2030年には83万人となり、2050年には36万人へと、30年間で100万人減となる見通しとも言われています。

この点は、どの地域でも押しなべて深刻な課題となっています。例えば、福井県JAグループが2021年に行ったアンケートにおいても、農業全般についての質問の中で、将来の農業経営についてどのような意向を持っているかという問いがあったのですが、全体のうち「やめたい、またはわからない」と回答した方があわせて43％にのぼりました。また、どのくらい営農を継続できるかとの問いには「10年未満」との回答が39％という結果がありました。さらには、後継者がいるかとの問いには「いる」の21％に対し「いない」が68％にのぼっていたのです。このような中で、農業を産業として成り立たせ、自然保護や国土保全、防災機能などの「多面的機能」を維持すること、また、昨今、重要視されている「食料安全保障」を確保するために、どのような取り組みを行っていくべきかが、ますます大きな課題になってきていることは、論を待ちません。

農業は土地に縛られた産業　競争原理だけではない価値をどう生み出すか

では、農業はどうすれば守ることができるのでしょうか。

実際のところ私は農業の専門家ではありません。ただ、地方行政の中で見てきた農業の重要性や、経済学を学ぶ中で考えた産業のあり方などから、地方だけではなく国全体のために、農業が持つ重要性は、その経済規模では計り知れないものがあると感じてきました。

そんな中で、福井にご縁をいただき、2021年から福井県JAグループでの中長期ビジョン「未来づくり戦略」を策定する際の外部メンバーとして、さまざまな議論に参画させていただく機会を得ました。そこで農業という産業のリアルを学ばせていただく中で感じたのは、理想は高く掲げないといけないが、それを待たずに現実の危機は予想以上のスピードで迫ってきているという、存亡をかけた切迫感と、特効薬が無い中で何とかしないといけないという焦燥感でした。

戦略の策定に当たっては、他県での先進的な取り組みを視察して要素を盛り込んだり、県庁とJAの垣根を越えた勉強会を開催して知恵を結集させたりと、さまざまな取り組みを行いました。私は農業の素人ですが、素人だからこそ出てくる他産業や分野での発想の応用や、発想の飛躍から生まれる議論の展開などで、お役に立てる部分もあったかもしれません。特効薬は確かになかなか見つかりませんが、地域の農業の将来を憂う関係者の皆さんの思いには、心を打たれるものがありました。

その中で気付かされたのが、農業という産業の特殊性です。

農業には多様な側面がありますが、何よりも農業も産業の一つですから、稼げることが求められます。大規模化・集約化で効率を高めたり、高度な技術を導入したり、あるいはブランディングや6次加工化などで付加価値を高めるなど、さまざまな経営上、生産上の工夫が行われてきています。

自分の土地で自分の思い通りに農産物を生産できるようになれば、見方を変えると生業と自己実現が直結した産業であり、最近の風潮にあった産業であるとも言えます。実は農業は、自分の「色」をしっかりと出すことができる、ある意味でとてもクールな（かっこいい）産業としての魅力を持っているということは、間違いないと思うのです。

社会が豊かになり、価値観も多様化する中で、国の制度も変わり、生産も販売も自由に行われることが盛んになりました。農協を通さない形で農産物を販売することも当たり前になっています。経営努力によって大きな成功を収めている農家や団体も少なくありません。このような健全な競争が行われることはとても素晴らしいことであり、新たな方々の農業への参入を促すという意味でも、制度面での担保は今後も大いに進められるべきだと考えます。

他方で、マクロ的に見ていくと、農業は他の産業と異なる特性があり、一筋縄ではいかないところもあります。農業は、その土地で生産できるものしか生産できません。すなわち、土地に縛られているのです。それは、例えば寒いところではミカンができない、というような品種の問題もありますし、収量もそうです。農業人材が少ないから労働人口の多いところに行こうとしても土地は動かせませんし、狭くて非効率だからと言っても土地が無ければ、いくら投資しようとも改善はできません。

また、農業は自然の力に左右される部分が極めて大きいです。そもそも、一年に2回収穫する二期作・二毛作ができる地域には限りがあるように、収穫回数の調整などは人間の力では限界があります。温室栽培などの手法もありますが、多額のコストに見合った結果を出すにはかなりのノウハウ、そして初期投資を要します。天候不順の年に当たれば、いくら頑張っても収量や品質は見込めず、その年は損失を抱えることとなります。

このように、人間の力ではどうにもならない資源に縛られている農業に、他の産業と同様の経済原理を厳格にあてはめると、結局、産業全体が疲弊して、成り立たなくなってしまいます。だからこそ、日本だけではなく、EUなどでも農業への補助金は手厚く交付されています。それは、グローバル市場経済にあらゆる社会活動が取り込まれている中で、農業には何らかの支えをしていかないと成り立たせることが難しいと、理論的にも説明がつくからです。このような支えは補助金だけではありません。

日本では農協法があり、農業協同組合、いわゆるJAがそれに基づいて、販売・購買・金融・共済などを一体的に、いわゆる総合農協として活動をしていますが、なぜそのように個別法でJAを位置付けているかと言えば、多角的な産業を連携させた土台を作って、協同で農業者を支える仕組みが無ければ、結果として農業という産業全体が成り立たなくなってしまうからです。

もちろん、経営というミクロの側面を見る際に、非効率な部分は改善し、新しい要素を取り入れながら、生産性の高い農業を実現することは、産業振興のために不可欠です。しかし、農業はそ

5年後、10年後の将来に向けて、福井県JAグループは、組合員や地域の皆さんの農業やくらしを、こう変えます！

れだけでは成り立たないという側面も十分に理解して、競争による生産性向上と制度等による支援・保護を「車の両輪」のように行っていくことが必要ではないでしょうか。

そして、それらのバランスをとることが、最終的に社会全体へのメリットを生み出すという視点を持ちながら、個々の農業者や団体のチャレンジをしっかりと下支えしていくことが重要になってくると考えています。

この中長期ビジョン「未来づくり戦略」は、2022年11月に策定されました。その後、2023年度には次に紹介する「TRETAS」の業務を担当させていただいた後、2024年度からは、「未来づくり戦略」を進めるための戦略アドバイザーとして、福井県JAグループの皆さんと引き続きご一緒させていただいているところです。

次世代施設「TRETAS」の挑戦　デジタル技術を活用したイノベーションを

2024年4月、福井県福井市高柳に、「食と農のデジタルプラットフォーム　TRETAS（トレタス）」がオープンしました。このTRETASは、「未来づくり戦略」で打ち出したビジョンの具現化の第一弾として、新しい技術の活用や販路拡大、6次化による付加価値の向上などを通じた農家所得の向上と、地域経済の活性化を目指した施設です。組合員の方々の農産物を販売するファーマーズマーケット機能に加え、肉や海鮮、総菜、大豆、米粉パンなど、福井県下での価値の高い「食」をあまねく入手できる品揃えをした、福井県JAグループによる一大プロジェクトです。

福井にお住いの方でしたら、既にTRETASにお越しになられた読者の方もいらっしゃるかと思いますが、メインエントランスから入ってすぐのところに、連携パートナーであるFBC（福井放送株式会社）が毎日ラジオ番組を配信するキッチン付きのスタジオ「GREEN

【お詫びと訂正】　本書において、82ページ最終行から84ページ1行にかけて、そこに入るべき文章が抜け落ちておりました。心よりお詫び申し上げ、訂正いたします。正しくは、次の文章が入ります。（82ページ最終行より続けて）

ＳＴＵＤＩＯ」があって、ここは本当にＪＡの直売場なのか、と度肝を抜かれる方も多いと思います。

それがこの施設の特色である「デジタルプラットフォーム」であり、ＪＡグループが持つ「食と農」の価値を、これまでのようなアプローチだけではなく、例えばこのＧＲＥＥＮ ＳＴＵＤＩＯからインスタライブを配信するなど、デジタルを最大限に活用した販売手法を活用したり、メディアミックスによる県内外への情報発信を工夫するなど、ＪＡグループとＦＢＣとのコラボによる化学反応により、全く新しい農業振興施設として成長することが期待されています。

このＴＲＥＴＡＳの実現に向けて、私はプロデューサーとして関わらせていただくことができました。当初は、次世代型の大規模なファーマーズマーケットを作ることが決まっている段階で、それをＪＡグループとＦＢＣで何か一緒にできないか、というところで議論がなかなか進まない状況でした。そこで、これまでにない新機軸であり、かつ時代の要請でもある「デジタル」を切り口として、両者の強みを融合さ

県産の食ずらり

福井「トレタス」開業

JA県経済連

新鮮な県産野菜や果物を求める人でにぎわう「トレタス」＝26日、福井市高柳2丁目

ＪＡ県経済連の農畜産物販売拠点「トレタス」が26日、福井市高柳２丁目にオープンした。県内各地から運び込まれた新鮮な野菜や総菜、精肉、魚介などが店頭を彩った。

記念式典が行われ、宮田幸一ＪＡ県５連会長が「新鮮な農産物を集め、ここに来ると福井県（の食の全て）が見られるよう頑張っていきたい」とあいさつ。関係者がテープカットし、オープンを祝った。午前９時の開店までに約２００人が列を作り、開店と同時にタケノコやキュウリなどの旬の野菜、イチゴなどの果物、県産米粉のパンなどを買い求めていた。

野菜などの売り場には22台のライブカメラを設置。出荷者がリアルタイムで売れ行きを確認でき、翌日以降の出荷量の調整に役立てることができるという。

店舗北側には１区画20平方㍍の野菜や果物の体験農園を１００区画用意。既に定員に達しているという。

トレタスは年間来店者60万人、売上高13億円が目標。営業は午前９時～午後８時まで。定休日は毎月第３火曜と元日。

（渡辺亮）

（2024年4月27日付 福井新聞）

せることを構想し、この「デジタルプラットフォーム」というコンセプトを提案させていただきました。デジタルは「未来づくり戦略」の中でも重点的に触れられている内容でもあり、JA側としては新しくてとっつきにくい部分はありつつも、挑戦することが求められている分野でしたし、情報を多面的に扱うメディアであるFBCの持つ強みを十分に発揮して相乗効果が得られるという考えもありました。

このコンセプトが、ありがたいことに多くの方からの支持をいただき、内閣府の「デジタル田園都市国家構想交付金」の採択を受けることができました。福井県や福井市からも補助金の交付だけではなく、県や市が目指す農業振興・地域活性化、さらには北陸新幹線の県内延伸を見据えた観光振興やまちづくり全体にわたり、力強い後押しを受けることができました。

ここまで、ちょっと自分の手柄のように書いてしまいましたが、このコンセプトは、決して自分一人で作り上げたものではありません。JAグループが掲げる農家所得の向上や新規就農者への機会提供、販路拡大や付加価値の向上、地域経済への貢献などのテーマを真摯に掘り下げ、何か新しく大きな挑戦をしようという機運・覚悟がしっかりとグループ内にあったからこそ、また、パートナーシップを結ばれたFBCの皆さんの知恵と思いがあったからこそ、「補助金ありき」の企画ではない、芯の通った大胆なコンセプトになったと感じています。

と言いつつも、このような前例のない取り組み、かつ開業が２０２４年４月に迫る中、建設に向けた準備は本当に大変なことばかりでした。今回の取り組みは、県内全体の農産物を取扱い、販売だけではなく物流なども含めた総合的な位置づけでしたので、ＪＡグループ内ではＪＡ福井県経済連が担当しているのですが、この経済連という組織は、消費者に対する小売りを担う役割を通常は持たない組織です。ですので、このようなファーマーズマーケットの建設・運営のノウハウが十分にあるわけではなく、さらにはデジタルなどの新要素が目白押しである中で、そのご苦労は筆舌に尽くしがたいものだったと思います。

さらには、ＪＡとＦＢＣとの連携という大変重要なテーマがあり、私も幾度となく両者の間に立って調整などさせていただきましたが、農業を支える農協組織と、情報を扱うメディア企業とでは、そもそもの経営文化が大きく異なっており、共通言語を探すところから本当に苦労の連続でした。

それでも、福井の農業のため、地域経済のためということで、大きな目標を共に見据えながら、最終的には常に妥協点を見つけ、新しいことにもそれぞれの担当の方が一から学びながら果敢に取り組み、当初に掲げたイメージをしっかりと具体化し、開業まで間に合わせることができたことに、私は福井という地域の底力を感じました。
本企画の当初から中核を担われた布目貴洋さん、4月から店長の重職を担われている深町治男さんをはじめとしたJA福井県経済連の担当チームの皆さんや、本企画を常に先頭に立って牽引してくださった多田幸史さんをはじめとしたFBCの担当チームの皆さんとともに、このTRETASの企画に関わらせていただいたことを、私は本当に誇りに感じておりますし、皆さんのご尽力に心からの敬意を表したいと思います。

このTRETASは「プラットフォーム」ですので、開業した瞬間に完成ではなく、さまざまな取り組みをこれから生み出す土台として、福井の農業を支えていく礎のような組織になっていくことを大いに期待しています。

さらには、TRETASだけではなく、農業者、JA、行政、民間企業などさまざまなプレーヤーがそれぞれの立場から、新しいチャレンジをさまざまな形で行っていくことができる環境を整えるとともに、そこで生まれるリスクも含め、農業という産業の基盤を守るための各種制度等はしっかりと整え、守っていくことを両立していくことが求められています。

このような先進的、積極的な攻めの取り組みを継続して行っていくことができれば、農業という産業の魅力が高まり、農業はクールでかっこいい、夢と誇りを持つことができる産業として、これからも維持、発展できるのではと考えています。

宮田幸一 × 今 洋佑
対談 2

今洋佑は、福井県の農業振興に向けて、何をしているのか

今は、福井県の農協（JA）組織の中で、面白い立ち位置にいる。農協は日本の津々浦々にある日本の食糧を支える総本山組織だ、それゆえに組織の体質としては保守的な部分があることもまた拭い難い事実である。しかし、急速な人口減少の中、地方をどう支えながら、組織としてどう変化していくか、日本各地で食を支える農協にとってもいまや同じ難題だ。今が活動の一番に位置づける「夢と誇り」による地域活性化を受け入れた、JA福井県五連の宮田会長は「今さんは大事なブレーンや」と言う。（聞き手：加藤佳紀）

JA福井県五連
会長
宮田 幸一

合同会社 夢と誇りのある
社会づくり研究所 代表
今 洋佑

◆するっと農協に入ってきた

——そもそも宮田会長が今さんと出会うきっかけは？

宮田　ん……なんやったかな。なんか、あんた（うちの組織に）するっと入ってきたな（笑）。

今　いや確か、2021年の年明けごろ、岡田さん（前・大野市長、現・JA福井県五連副会長）に連れられて確かご挨拶させてもらいました。当時は副会長だったと記憶していますが…。

宮田　そうそう、そやったな。岡田さんがなんか補助金とか取るのに、うまく作文できるとか何とか言うて、連れてきたんやわ（笑）。

今　ちょうど福井県JAグループが10年後の未来を見据えた中長期ビジョンを作成するタイミングで、岡田さんに「ちょっと来い」と。それまで僕は農協とはまったく縁がなかったです。

宮田　中長期ビジョンのたたき台をつくるのに、外部の目が欲しかったんや。内部でつくったら、幅の狭いものしかできん。だから、逆に農業の専門家でない人の視点がほしかった。岡田さんもユニークな人でね、まあ政治の色合いは濃い人やけど、常に物事を前向きに見ている、そこの姿勢は僕と歩調が合った。

今　宮田会長は農業者、農業政策の視点で、中長期計画づくりにどうアプローチするかをお考えで、一方の岡田さんは、政治的な目線もお持ちでビジョンづくりにどうアプローチするかを考えていた。アプローチの手法が2人は全然違うんですが、目指す方向は一緒なんですね、そこで僕が呼ばれた。

宮田　岡田さんが連れてきたのは大きかったな。それに内閣府におったんなら、いろんな世間のことや物事を幅広い視点で見ている人やと思ったし…。

福井県ＪＡグループ中長期ビジョン「未来づくり戦略」とは

福井県ＪＡグループが10年後の未来に向けて自ら描いた成長戦略として策定。２０２１年春から1年半をかけて内容を練り、２０２２年11月の第11回福井県ＪＡ大会にて正式に組織決定した。今洋佑は外部アドバイザーとして、内容の素案を執筆するなど策定に深く関与。大きな柱として「みらいにつながる地域農業の実現」「次世代につながる事業サービス」「地域につながる協同組合の役割発揮」「将来につながる組織・経営基盤の確立」を挙げている。

宮田　農協のこれまでの中長期ビジョンって、つくるというより、いままであるものを直す、いじるという感じのものばかりやった。ＪＡ全中（全国農業協同組合中央会）のビジョンをベースにするとか。それではあかん、と。もっと組合員が分かるように書け、と中央会の職員にも言ってきた。内部の経営戦略とかや、そんなもん組合員には興味がないって。そうじゃなく、福井県ＪＡグループはこれからどうなっていかなあかんか、を描いて欲しかったんや。

今　たたき台づくり、実は、結構時間がかかったんですよ。1年半ぐらい。最初、策定委員会とかで発言させてもらって、その後は、個別分野ごとに職員さんからのヒアリングとかさせてもらったんですが…。

◆欲しかった「地域創生」の視点

宮田　おそらく、最初はうちの役職員も、ヒアリングで、彼が何を言うてんのか、なかなか受け入れられんかったと思うわ。

今　確かに、そんな感じでした（笑）。

宮田　そう思うわ、役員も部長も課長連中も農協組織の者は「なんやあれは……」「農協のこと知らんやないけ」と戸惑っておったやろ。つまり今さんが何を言うているのか、よく理解できんかったと思う。最初からそれはそう思った。今さんなら、農協組織にいては考えんようなこと、突飛なアイデアが出せると思うていた。輸出米の話とか、結構カンカンガクガクやっておったな。

今　たとえば、経済連でガソリンスタンド（GS）事業をやっていますが、10年後不採算になることは明らかでしたので、議論を深める意味も込めて、最初、僕はビジョンのたたき台で「GSを全廃します」って書いたところ、文字通りポカーンという反応でした。「何を考えているんだ」と（笑）。

宮田　とんがったアイデアを出して来れば来るほど、職員の腹の中では「そんなことができるかあ」と思ってたやろうな。

今　農協はいい意味でも悪い意味でも、下から意見を吸い上げるボトムアップの組織なんだと感じました。だから、僕がかなり厳しい意見を出しても、ストレートに「この案はできません」と上の人には上げません。でもその代わりに議論がそこでストップしてしまうんですね。動かなくなる。前に進まないから時間が掛かる。

宮田　そうや、農協組織は物事を決めるのに本当に時間が掛かる。

今　もちろん、専門家からご覧になれば、的外れな案も多かったのかとは思いますが、たたき台づくりで、僕としてはそんなに無理難題というか「農協としてできない」ことを書いたつもりはなかった。なんとかして「本気でやればできる」ということを書いたつもりです。実は、内閣府出身の人間って、政府ではいろんな省庁の人間といろんな政策案を創るんですが、各省庁の担当者はその道のプロの人ばかりでしょう、でも内閣府の人間はその道（の政策）では素人の目線で関わるんです。でもそこの目線が大事なこともある。プロの目だけでは外からの人間には分かりにくい法案や、逆に内部の論理だけに縛られたシステム案が出来上がることもあるんです。そういった官僚時代の「プロの素人」としてのスキルが、このビジョンづくりで生きたかも知れません。

宮田　一番大事やと思うのは「地域創生」の視点やったな。人口減少で、地域が縮んでいく中で、農協だけが生き残ろうという狭い視点のビジョンではあかん、地域とともにＪＡはどうするんや、ということを考えにゃ。「地域とともに農協がどうあるべきか」という視点が大事なんや。

今　ビジョンの序文に、ＪＡは内向きではなく、外に開かれていかないとＪＡ自身が生き残れない、と明確に書きました。先ほど会長もおっしゃってましたが、上位団体のビジョンをもってくれれば楽なんですが、それではビジョンにリアリティが無いんですね。リアル

（本気度）さをビジョンに入れるためには、その地域のリアルを実際に背負う自分たちで真剣に考えないといけなかった。そこの部分を僕はお手伝いしたつもりです。

◆次世代型直売場「TRETAS」への期待

―今さんが関わった中長期ビジョンは2023年度からスタートしています。その大きな柱の事業で2024年4月に福井市高柳に開業した、次世代型直売所「TRETAS」という存在があります。JAにとっては大事な施設なんですね。

宮田　この施設の建設では、今さんに大変お世話になりましたわ。この施設がなぜ県JAに必要だったか、言いましょうか。福井県農業の主力は米、これは変わりません。気候的、風土的にも福井の土地にはコメ栽培が一番適してる。でもね、米価というのは農協組織だけでは決められない。いまは米余りの時代や、米だけで農家の所得を増加させるのは難しい。だから中長期ビジョンでも農業所得増大の成長戦略として、園芸の振興を強くうたっている。

僕は若狭農協の組合長時代に、結構、園芸振興に力を入れてきた。トマトのハウスとか整備してきた。当時、若狭農協の米の販売額は40億近くあったが、それが今は17～18億円程度やろ、そのころ園芸作物の販売額は2億円もなかったはずや。そこでハウスを建て、直売所も作ったら、園芸の販売額は8億円に伸びた。もう少し担い手を育て、ハウスを作ったら、10億円に手が届く。いずれ米に肩を並べるかも知れん。

農家所得を上げるには米は米で大事にしなければならない。しかし、これからは園芸をやって、生産能力を上げないと販売額は上がっていかん、しかも量を確保しないと市場は相手にしてくれんし…な。米が主で園芸は従、というんじゃなく、園芸も主にせなあかん。そのためには量を確保…マクロ的に米から転換していかなあかんのよ。そのために今回福井市につくった「TRETAS」は、県JAとしても成功させないかん、大事な事業なんですわ。

今　もちろん中長期ビジョンの中でも産直市場の重要性は説いています。福井のJAが本気でやらないといけないことは、農家所得を上げますってうたっているのですから…そのために園芸振興します、農産物の付加価値を高め単価を上げます…と。さらに単に、普通農産物の直売所ではなく、デジタルを生かす、また地元テレビ局とも組んでの施設です。この辺りも、新しいこれまでにない〝新時代の農産物直売所〟にしなくちゃならないと思って青写真を描きました。

宮田　実はこの施設、建設費の調達で結構もがいたんですわ。農水省の補助金ではちょうど、うまく枠にはまる制度がなかった。それを突破する手口を持ってきてくれたのは彼なんですわ。

今　内閣府の「デジタル田園都市国家構想」の交付金、いわゆるデジ田を申請しました。農水省の枠組みはこれまでの積み重ねもあるため、政策分野としてもはっきりしていて、その分融通が利きにくい部分があるのに対し、内閣府の制度は結構、自由度が効くんですね。そこに着目しました。デジ田は、岸田内閣の一丁目一番地の政策ですし、11・5億円の補助金は結構大きかったと思います。

宮田　ここでも今さんの作文能力がものを言ったわけや。

今　いやいや、僕だけでできるものではなく、県や福井市はじめ多くの皆さんに大変お世話になりました。作文は県の方が大変お上手で丁寧にやってくれました。今回、僕がこの「TRETAS」に関われてよかったな、と感じているのは農業とデジタルの組み合わせ、という視点で地域活性化の事業案を打ち出せたこと、またその考えを受け入れて、やってみようと一歩を踏み出す度量、風土がJAグループにあったこと、これは本当にありがたかったと思います。

宮田　県と市を巻き込んでやれたのは確かに大きかったな。農協のためや、テレビ局のためや、と思わず、地域全体で活性化していく、そういう一体感が僕らには大事なんや。

戦後まもなくは、農協組織は食糧を増やせ増やせと言われた時代、国が守ってくれたんや、それが自主流通米が出てきた頃から、大きく農協を取り巻く様相が変わったんや。資本主義社会の一事業団体として、グローバル化にも組み込まれてしもうたんや、だからその環境の変化の中で、行き残るためにはＪＡも変わっていかなあかん、そのひとつの方向性が「地域とともに」、僕はそう思っている。

――今さんは農協にとって、なかなかいいブレーンですね？

宮田　ん、そや。ええブレーンや、先を見た発想をしてくれるのがいい。

対談者紹介

宮田　幸一　みやた　こういち　ＪＡ福井県五連会長

１９５１年生まれ。福井県の旧上中農業協同組合職員を経て、２０１２年から若狭農業協同組合代表理事組合長を務める。２０２２年に福井県内10のＪＡ（農協）が広域合併、それに伴い福井県農業協同組合専務理事に就き、その後副組合長。２０２３年６月からＪＡ福井県五連会長として福井県ＪＡグループのかじ取りを担う。同年８月には、（一社）全国農業協同組合中央会理事にも就任。福井県旧上中町（現・若狭町）出身。

2 宮田幸一 × 今 洋佑 対談

第4章

地方にいても夢は持てる　意志のある人々に限界はない

地方にこそ起業が必要　未来を切り拓くブレイクスルーを生み出す

「起業」と言うと、皆さんどのようなイメージをお持ちでしょうか。「キラキラ」「意識高い」「一攫千金」「社会を変える」など、いろいろなイメージがあるかと思いますが、多くの方は例えばイーロン・マスクやマーク・ザッカーバーグなど世界規模の新興企業の社長、あるいは日本の著名な起業家・実業家の顔が浮かぶのではないでしょうか。

日本においても数年前に、経済産業省が「スタートアップ元年」を宣言し、スタートアップの活躍を通じて社会にイノベーションをもたらし、人口減少時代においてもわが国が成長し続けることができる環境を生み出すという政策が大々的に進められています。この「スタートアップ」という言葉の定義は、「新たに起業・創業された企業のうち、①新しい技術の活用、斬新なサービスなど新規性がある　②加速度的に事業を拡大することを目指す　③創業から間もない、比較的に創業年数の若い企業」とされており、まさに急激な成長により経済社会に大きなインパクトを与えるような企業を日本から生み出そうという取り組みだと理解できます。

そんな「起業」という言葉は、ややもすると地域活性化とは縁遠く感じられる方も少なくないと思います。現に、私が顧問を務める株式会社ツクリエという起業支援企業が２０２４年に行った全国自治体への意識調査においても、規模の小さい自治体ほど、自らの地域での起業を促すための施策の必要性を感じていない、という傾向が見て取れました。他方で、福井をはじめとしたさまざまな地方を見ていくと、経産省の定義に基づくスタートアップでは必ずしもなくても、新しい価値を提供し、地域に雇用を生み出し、地域に新しい風を吹かせるような、新しい会社や団体が数多く生まれていることを実感させられます。

地方でよく言われる課題として、「若者やよそ者が働きたいと思える雇用が無い」ということがあります。もちろん、地域にはさまざまな魅力的な仕事が実際には埋もれており、それをいかに発掘するかということも重要なのですが、無いのであれば自分たちで作ってしまおう、という発想も重要です。そういうための起業であれば、必ずしも最先端の技術に基づいていたり、加速度的に事業を拡大することを目指す必要はありません。人々の暮らしに寄り添い、ニーズにこたえるようなサービスを提供することができれば、企業として成り立つことができます。その中で自分らしさを発揮して、自己実現を達成することができれば、これほど素晴らしいことはないですし、規模拡大をそこまで志向しなければ、借入金などの大きなリスクを背負う必要もありません。

さらには、いまのさまざまなデジタル技術を活用すれば、地方にいながら世界を相手にビジネスをすることも容易です。私が仲間とともに経営しているCWP GLOBAL株式会社も、東ティモールに支店を設けて水道ビジネスなどの展開を進めていますが、本店は福井県大野市にある、地方発企業です。いまは世界のどこにいても、発想とモチベーションがあれば何でもできる時代なのです。逆に、東京などの大都会で受けるさまざまな圧力から逃れ、自由な発想とスタンスで経営を進められる地方の方が、本質的なイノベーションを生み出す可能性を有しているという見方すら、できるのではと感じます。

起業という言葉が持つ既存のイメージに縛られる必要はありません。規模が小さくても、技術がありふれたものでも、ビジネスプランが甘いと言われても、自分たちができる範囲のことで、やりたいことがあればまずやってみればいいと思いますし、地方にはそんなことができる自由があります。

確かに、他方で「閉塞感」や「保守性」という言葉も地方にはついて回ります。新しいことをしようとすると、出る杭は打たれるような感じになることもあるでしょう。しかし、よく考えれば、人口減少が進むということは、出る杭を打とうとする人の数が減るわけですから、打たれる確率も減るということかもしれません。そうして新たな可能性の芽がつぶれることなく育てば、人口減少下でも世界と繫がりながら、便利で豊かな暮らしが営めるという、新しい地方の姿が見えてきます。

地域を支える社会人の活躍　「考福塾」を通じ、ともに福井を学ぶ

もちろん、起業することがすべてではありません。既存の組織の価値を軽く見て、すべてを新しく作り変えるべき、というような急進的な考え方は、社会の安定性を損ねます。地元企業で活躍されている多くの方々が、その地域の暮らしを支えていることを忘れてはいけません。

ただ、時代には流れというものがあります。人口が減る中で、一人の人に期待される役割が増えてきています。そういう中で、起業・独立をするわけではないが、いまの仕事に加えて何らかの形で社会に貢献したり、別の知見を吸収してみたいというニーズが高まっていることを感じま

す。それを実現するための手段として、例えば副業・兼業であったり、あるいは最近政策的に推されている「リスキリング」「リカレント」などの言葉であったり、さまざまなアプローチが増えてきているのはその一環だと思います。

かくいう私自身は、アンテナがあまり高くないからか、内閣府やソフトバンクグループといった組織を離れてみて初めて、常に学び続けなければいけないという感覚を知りました。その後、金沢大学とのご縁をいただいたことをきっかけに、特任准教授でありながら社会人学生として研究の指導を受けたり（大学という組織は面白いところで、教員と学生を兼職することも可能なのです）、内閣府時代のメンバーと定期的に勉強会を開催したりするなど、緩やかな形で学びというものを取り入れています。

そのような感覚を取り入れた運営を心掛けているのが、福井にて毎年開催されている「考福塾」という社会人セミナーです。こちらは、福井の若狭町のご出身で、伊藤忠商事の社長・会長を歴任された小林栄三さんが塾長として主宰され、福井銀行・福井新聞社が事務局を務められているセミナーで、2024年度で12期目を数えます。福井県内の企業から、40歳以下の若手社員の方々が選抜されて参加され、年間を通じたカリキュラムの中で、福井に縁のある経済人等の講義から学びを得たり、普段つながることが少ない異業種の同世代とのネットワークを作ったり、福井の課題について考えて提案をしたりする場所です。
私がこの考福塾という枠組みを知ったのは、大野市にいた頃の2017年に講師としてお呼びいただき、塾生の皆さんへお話をさせていただいたのがきっかけだったのですが、地域にこのようなしっかりした社会人セミナーがあるというのは素晴らしいことだなと思っておりました。その後独立してから、ありがたいことにご縁をいただき、2021年度から継続してアドバイザーの立場で、カリキュラムの設計や、塾生の皆さんの提案を一緒に作り上げるような役割をさせていただいています。

この考福塾において意識しているのが、先ほど言及した兼業や学びなおしというような視点の活用です。考福塾をきっかけに、自分の会社から離れたところでいろいろと考えることで、自分の生き方や役割、地域とのつながりなどを改めて意識することができると思いますし、それが本業につながっていい効果をもたらすこともあるのだと考えています。

なので、ここ何年かは、他の塾生が所属する会社を訪問してヒアリングをしたり、最終回に行うプレゼン提案の内容を掘り下げるための打ち合わせを充実させたりするなど、地域の事をより深く知り、またそれをアイディアとして提案できるスキルを身につけることで、学びなおしにつなげていくようなカリキュラムを準備するようにしています。そうする中で、塾のカリキュラムが終わった後でも引き続き提案内容をブラッシュアップし、一般のビジネスコンテストに出場するような事例が出てくるなど、本業を持ちつつも別のところで社会に関わっていくような取り組みの芽も生み出すことができています。

さらに言えば、実は、このような一連の取り組みで、福井の事を学んでいるのは塾生の皆さんだけではありません。すべての塾生の方々と、提案に向けて何度も打ち合わせを重ねる中で、私自身がたくさんのことを皆さんから教えていただき、福井という地方での暮らしについて深く学ばせていただいています。

こうして塾生も運営側もお互いに学び合うことで、これからもたくさんの新しいことを生み出していけると思いますし、人材の層が厚くなり、福井という地域をしっかりと支えていく基盤を作ることにこの考福塾は貢献できると考えています。

社会を変えるのは若者だけではない　いくつになっても人はなんでもできる

金沢大学でお世話になるようになってから、学生の方々と接したり、最近の大学の教育事情を垣間見たりする機会が増えるようになりました。最近の学生は、私が学生だった頃よりも総じてしっかりしていて、社会貢献や起業への関心を持っていたり、授業への参加意識が高かったり、いまだったら自分は完全な落ちこぼれだったなと本気で思わされます。

他方で、これは社会が本当に変わってきたのだなと感じることなのですが、学生の希少価値が高いと言いますか、完全に学生側の売り手市場になっているのですね。なので、大学側の対応が私の時代よりも全然充実していて、学生を大事にすることが大学にとってとても重要ということがよくわかります。いわゆる受験戦争と呼ばれたような時代では、多くの同年代の中での激しい競争圧力の中で大学に入っても、中では放任されていて……みたいな感じだったのではないかと思うのですが、いまはそれが逆になっていて、これがまさに人口減少・少子高齢社会のありようなのでしょう。

この変化は大学だけではなく、当然社会全体において起きていることだと思いますので、常にそういう時代の変化をキャッチアップして、物事に接する姿勢が求められることを痛感します。

そして、このことはこれまで述べてきたような、起業や兼業、社会課題への対応といったアクティビティにも当然影響してきます。確かに若い人の方が多く時間が残されていて、幅広い可能性を有しているとは思いますが、必ずしも若い人だけが担うべきことではありません。むしろ、これまでにたくさんの経験を積んできた世代の方が、社会のニーズを的確に捉えたり、これまでの知見や人脈を生かすことができたりと、強みを発揮できる場面もあるはずです。何より、若い世代よりも、経験を積んだ世代の方が人数が多いのですから、母数が多ければそれだけいい取り組みを生み出せるのではないかと思います。

よく、若い人たちには大いに期待したい、これからの社会をよろしくお願いしたい、という言説がありますが、実際には人数も少ない中で、任せきることはなかなか難しくなってくるのではと感じます。あらゆる世代が一丸となって、自らができることで動くという気概が求められますし、逆にそういう社会はあらゆる世代にチャンスや再チャレンジの機会を与えられる、とてもフェアな社会だとも考えることができるでしょう。

実際、私が関わっている活動には、実に多様な世代の方々にご一緒いただいています。水の活動ＣＷＰにおいては、一般社団法人ＣＷＰの役員は全員私より年上で、20歳以上年上の方もいらっしゃいます。周りから見れば、確かにおじさんが集まって何してるんだと言われるかもしれませんが、そんなことは全然気になりません。目指すべき理念があって、それぞれが持っているスキルや得意分野があって、何かを生み出すことができ、そして何より楽しく活動できているのですから、本当にありがたいことです。他方で、パートナー企業の管清工業の方を見ると、20代・

30代の技術者の方に東ティモールに滞在していただくこともありますが、この活動に意義を見出してくれて、まさに仲間としてご一緒いただいています。

このように、日々さまざまな世代の方とご一緒していると、巷でよく言われる「老害」という言葉や、「最近の若者は…」のような言葉は、単なるレッテル貼りに過ぎず、何も本質をとらえていないことがよくわかります。世代で人を判断することは本当にナンセンスです。重要なことは、自分が何をするのか、仲間とともに何をするのか、ということに尽きると思います。

「閉塞感」の幻想からの脱却を　すべては捉え方次第

福井県大野市で副市長をしていた頃に、よく話に出てきたのが「閉塞感」という単語でした。大野のような小さいまちで何かやろうとすると、必ず誰かに何か言われたり、小さいまちだから無理だろうという思いも付きまとう。そんなさまざまな形での閉塞感が、言霊のように漂っているのを確かに日々感じていましたが、他方でそれって思い込みなんじゃないか、という感覚もあり、市役所の皆さんに次のような3原則をお示しして、そんなことを気にせずに突破していきましょう、と日々呼びかけていたものです。

（改善の方向性）

①組織や仕組み、ひいてはまちの空気そのものを改善し、一人一人がより意志を発揮できるような土台を構築したい

②横並びや自治体間の小さな競争など気にせず、大きなビジョンを掲げ世界を直接相手にするような、突き抜ける気概がほしい

③大野人が持つ純朴さを生かし、真っ当な、社会の役に立つ取り組みを「結」の心で広げ、分かち合うことで、世の中から尊敬される「結の故郷づくり」をしたい

「閉塞感」のようなものを、特別な田舎の流儀であったり、濃い人間関係であったり、何かしら理由をつけて、地方はそういうところだとあたかも刷り込みをされるような言説が広がっているのかもしれませんが、実際に大野で2年間過ごし、CWPで世界と繋がり、更にその後さまざまに活動の幅を広げていく中で、そんなのは幻想にすぎないと思うようになりました。何より、それを「閉塞感」と言うならば、都会にだってさまざまなしがらみはありますし、大企業にも中小企業にも、市役所にも霞が関にも、大学にもJAにも、それぞれの事情の中で、配慮しなければいけないことは山のようにあります。

人間社会というのは、それぞれ意志を持った人間がまとまって運営されているものですから、シンプルに何かが通るということはそもそもあり得ないですし、もしそういう環境があればそれは逆に、何か不健全なことが起きているか、あるいはその取り組みに価値や実態が無いということに他ならないと思います。

そう考えると、時代や地域、社会の流れの中で、それぞれの課題やハードルはあるわけで、条件は異なってくるのですが、大切なのは一人一人が何を大切と考え、そこにどのような意志を持って取り組んでいくかということなのではないでしょうか。

地方においても、都市とはまた違ったアプローチで、その地域ならではの強みをうまく生かすことができれば、何よりもそれを前に進めようとする意志があれば、道はみえてくるものだと感じます。それを支えるものが、進むべき方向を指し示す「夢」であり、その方向で大丈夫だと自信をもって進むための「誇り」となってくるでしょう。

「小さくとも、高く手を挙げる」というＣＷＰの理念が、まさにそれを象徴していると思いますし、その意志さえなくならなければ、例えば「消滅可能性都市」などという、都会視点からの押し付けのような価値観にもとらわれることなく、人口減少下であってもその前提をしっかりと踏まえ、その条件下で可能な環境において、誇りをもって地域を守っていけるはずです。

対談 3

鈴木英樹 × 飛田章宏 × 今 洋佑

今洋佑の地域づくり企画は、尖っているか

官僚を辞めて1年余り…。民間社員の経験を経て、自分の城である「夢研」を立ち上げた今に、いくつかの仕事が舞い込んできた。福井県のコーディネーターや福井県JAグループ外部アドバイザーなど、まずは福井繋がりが多かったが、彼のユニークな経歴や、彼の尖がった企画案に着目した慧眼もあった。それらの仕事をこなしながら今は、地域づくりの視点から仲間を増やし、それが、今にとってライフワークとなっているCarrying Water Project（CWP）の同志づくりにもつながっていった。（聞き手：加藤佳紀）

福井県
幸福実感ディレクター
飛田 章宏

株式会社ツクリエ
代表取締役社長
鈴木 英樹

合同会社 夢と誇りのある
社会づくり研究所 代表
今 洋佑

◆若手起業家の育成WSで意気投合

――この3人の接点は、2022年10月にツクリエ社が主催し、福井県と夢研が共催した「若手起業家育成ワークショップ」がきっかけなんですね。

今　そうなんです。ツクリエ社さんと僕とで、県に提案して、担当の飛田さんが、県内の高校生や大学生などを募集して具体化してくれました。

飛田　今さんはその年の4月から県のコーディネーター（以下「ＣＤ」）を務めてもらっていて、今さんとツクリエの鈴木社長から、起業家育成、つまり「スタートアップ」の創出に向けたご提案をいただいたんです。

今　僕としては、ソフトバンクグループを辞めて「夢研」を立ち上げた後のタイミングで、ちょうど「起業家支援」をやっていたツクリエ社さんとの出会いもあり、ご縁のある福井県で何かできるんじゃないか、ということで。

飛田　ＣＤには何か決まったテーマというわけではなく、県政全般にかかわる政策づくりに関しての助言をいただくとともに、自ら企画運営、実施していただくんですね。福井県自体が政策オープンイノベーションという政策づくりはもっとオープンにしていこうと。県庁職員だけが政策を考えるというのじゃなく、外部の力をもっと生かそうという流れなんです。

今　知事も新しく変わったこともあり、県全体が尖ったことをやろうとしていると感じていました。僕とツクリエ社との関係は、このワークショップの2年前、僕が、自分の事務所「夢研」を起ち上げた際に、実は自分でビズリーチに登録したんですね。「私は会社を作っています。転職はしませんけど、お仕事をしていただける方がいればいっしょにやります」と、だれか業務提携しませんかと書き込んだ。そこで手を挙げてくれたのがツクリエの鈴木社長でした。

鈴木　当時うちは30人ぐらいの会社だったんですが、起業家支援で、いくつか東京や地方で実績を挙げていて、事業拡大で積極的にいい人材を探していたんです。そこで「ビズリーチに面白い投稿をしている人がいる」って。今さんだったんですね。

今　はじめは、ツクリエが起業家支援の会社とは全然知らなかった。こういう会社が今どき結構あるんだ、と。大野市にいた時には、全く知らなかったので、でも逆にこの業界がこれから、大きくなるとは分かっていたので、面白いなと。すごく興味が湧きました。

起業する際に重要なことについて講演するツクリエの鈴木社長＝30日、福井市大手3丁目の「OTE3」

県企画 初のワークショップ 福井

県内学生ら意欲

「地方で起業しやすい時代」

県が企画した若手起業家育成のためのワークショップが30日、福井市大手3丁目のイベントスペース「OTE3」で開かれた。地方でも起業しやすくなっている現状を講師が説明し、参加した県内の大学生と高校生計12人が意欲を高めた。

若手県職員が政策を知事に直接プレゼンテーションする「チャレンジ政策提案」で企画された事業。全国で起業支援事業を展開する「ツクリエ」（本社東京）が主催し、県と合同会社「夢と誇りのある社会づくり研究所」が共催した。

講演したツクリエの鈴木英樹社長は、近年は仕事の意義を社会貢献に求める意識が強まり、リモートワークが普及したことで地域差がなく起業できる時代と力説。不安を感じたり周囲から反対されたりするのは「起業家あるある」だとし、「アイデアがあるなら、向いているかどうかでなくやるかやらないか。一緒に事を起こしましょう」と呼び掛けた。

既に起業している学生による事業紹介の時間も設けられ、学生は鈴木社長から「何年後にどのくらい会社の規模を大きくするか、具体的に目標を持って」などと助言を受けていた。

大学院進学後に起業を目指すという山田凌大さん（福井大4年）は「考えるだけでなく、まず自分から動いていろんな人に掛け合っていくのが大切だと思った。自分も頑張りたい」と意気込んでいた。

県は来年度、起業を目指す学生向けのセミナーを本格的に開催する予定。

（田中奈々子）

(2021年10月31日付 福井新聞)

◆福井県には「尖る人間」が少ない？

鈴木　とにかく今さんの経歴が面白かった。北海道から出てきて…東大行って…内閣府入って…地方都市の副市長までやったのに…（霞が関を）辞めちゃって…ソフトバンク入って…また辞めて、いま一人で（会社を）やってるって…正直、「あほやな」って（爆笑）。

今　いや、いや、いや（笑）。

鈴木　今さんを見ていて、ああ、この人はきっと安全な状態は嫌いな人なんだなと…。組織の在り方でよく言う「守り型」と「攻め型」の人があるんですが、大体、守り型の人は安定した仕事と安定した給料を求めて、言われた指示通りにやりますっていう人、そういう人も必要なんですよ。大体、会社の割合で7割ぐらいは必要だけど、「攻め型」でいろんなことを仕掛けたり、変なことを考えたり、新しいことをやろうとするチャレンジャーも2、3割いないと組織のバランスが取れないんです。でも、その2、3割の人はなかなかいないんですよ。求人してもほかに取られちゃうし…で、そんなタイミングで、彼が引っかかったので、部下に「会う、会う」って言って…。

今　さっきの尖る、尖らない、の話がありましたが、攻めと守りの人間って考え方似てますね。ここにいる飛田さんは、福井県庁の「尖る人間」のモデルケースですね。福井県庁でたった数人しかいない「ディレクター」という謎の肩書きももってますし(笑)。

飛田 尖っている人間ですか…、確かに、少し前までの県内では見つけることが難しかったかもしれません。ただ、福井県の中にはいるんですよね…ただその尖ったことを何か出しづらい雰囲気というか、福井の空気感がこれまではあったのかな〜。

鈴木 何かこう、さらに変えたいと言うか、今までよりもさらに良くしたいという人たち。よく地方って、例えば「福井には、そんな尖った人いないよ」って大体尖っていない人が言うんですよ(笑)。そうすると尖っていない人がマジョリティーじゃないですか。社会ってそういう尖った人は、じゃ、ここにいてもしょうがないからと言って黙って出て行っちゃう。許容されないから…。僕は絶対面白い人はいると、福井にも、どの地方にもいると思う。ただ、その地方とか周りの人が受け入れるかどうかだと思う。

◆小さい企画でもいいから「手を挙げよう」

飛田 そういう中で、今さん、鈴木社長に提案いただいたこの「若手起業家育成ワークショップ」は、福井の若い世代よ、もっと尖れって激励しているような企画でした。でも、ワークショップがすごく良くて。鈴木社長も来ていただいたし、ツクリエの方にも来ていただいたんですけど、大学の准教授の肩書も持っている方とか、教える、育てるということを、すごく一生懸命やってくれる方々で、すごくそれが温かくて。でも中身は結構厳しいところもあって、学生が鈴木社長はじめ起業のプロの前でプレゼンしたり、イスラエルのレイナさんとはオンラインで英語での対話を求められたり。

鈴木　うちは世界中のそういうインキュベーターと連携している中で、やっぱり海外の方のほうが、ぶっちゃけ進んでいる。ワークショップに参加してくれる若い世代に刺激を与えるんなら、イスラエルの同世代のよく考えている女の子としゃべった方が、僕がしゃべるより、絶対記憶に残るはずだと思って、講師をやってもらった。彼女も日本にも興味があったからちょうど良かったんだけど。

飛田　(彼女とは)英語ですよ、英語。ずっと英語で話して、学生は英語を全部聞き取れないんですよ。しかも同世代と言っても起業大国イスラエルの方だったし、学生は話についていけるかなって、心配してたんですよ。でもみなさんちゃんと手を挙げて質問してくれたり、すごく前向きに積極的に取り組んでくれたので、ほっとした。というか、何か誇らしかった。福井県民として(笑)。

鈴木 大丈夫ですよ。学生は言うほど、ドン引きしてなかった。するなら、したらええやん、ぐらいで考えましたけど(笑)。

飛田 今さんはいつも、小さくても高く手を挙げようよ、という事をよく言われていて、私はすごくその言葉に共感をしてまして…福井県は保守的なところもあるんですが、実は社長の輩出率でいうと日本一だし。もともと「進取の精神」というところは存分にあると思っているんですよ。そこで本当に若い世代が手を挙げるきっかけがあれば、何か福井県からそういう動きって、すごく膨らんでいくんじゃないかなと思って。

今 あのスタートアップの企画、自分では結構成功と…思ってますけど。

飛田 そうですよね。私にとってはCDの担当として、初めての実績になりました。あと、2022年度、産業労働部で予算がついて県の事業化につながったということも。その後、2023年度の福井ベンチャーピッチでは、初めて学生の起業家の方が登壇をした事例も出てきましたし、そんな流れが福井県にできたということは、すごくあのワークショップが大きなきっかけになったんじゃないかなと私は感じています。

鈴木 何をもって成功とするか…ですが。イベントとしては成功だった。ただ、そこをきっかけに多くの起業家が生まれたかどうかは、分からない。だけど、福井県の中でこのイベントをきっかけに、若手起業家育成事業の予算がついて立ち上がった…それが動いているということは、僕はそういう意味では成功だと。だけど、その先にある、本当にそこから起業家が誕生して、誰かが幸せになったか、はまだ分からない。大体、起業ってやつはほとんどが失敗ですから。でも、失敗の仕方がヒントになるんです。賢く失敗するというか、失敗とどううまく付き合えるか、失敗をどこまで許容できるか、たとえ失敗してもいい状態を作ってからチャレンジするとか、ね。

今　僕自身は、（福井県における起業家育成が）ちゃんと形になったというのがすごく大事なんだと思う。政策としても、ツクリエさんみたいに全国とネットワークを持っている会社が、福井と付き合ってみようというのは大事。でも、鈴木社長が言う通り、結局、できるかどうかじゃないですか。でも、そこは、もう政策でコントロールできないところだと思うんですね。なので、この先に本当に上を目指すんだったら、起業に対する、社会の関心を高めたいですね。それはわれわれもやり続けたい形だと思いますね。

◆大野発で始まった「東ティモールへ水を」

――3人の連携はこれで終わらず、いまも続いていますね。

今　僕が大野市副市長時代から始めた東ティモールでのCWPでは、お二人に協力してもらってます。ツクリエ社は…

鈴木　私自身も、CWP GLOBALのアドバイザーとして参画していますよ。

飛田　私も今さんと東ティモールへ行ってます。それには若干説明が要るのですが、現在、私は福井県庁の「幸福実感ディレクター」として、ミッションがありまして、福井の幸福実感・ウェルビーイングをさらに高めていくという使命なんです。

福井県は現在、「都道府県別幸福度ランキング」(一般社団法人日本総合研究所編)にて5回連続、10年間、1位なんですが、それを5つの分野、教育、仕事、健康、生活、文化で分析すると、弱いのが「文化」なんですね。さらに文化は「余暇・娯楽」と「国際」の2項目に分かれるですが、福井はこのどちらもがランキングが低い。余暇・娯楽は、勤勉で真面目なところの裏返しという県民性の側面もあるとは思うのですが、国際領域の方は、インバウンドの数とか、大学に来ている海外留学生の数とか、県内の姉妹都市や友好都市をみても数が少なかったり、国・地域が偏っていたり…。年1回の県民アンケートで「県民の充足度」を25項目で聞いていて、充足度が一番低い項目は「海外との繋がり」なんですね。

逆に言うとこの分野だったら、県民の充足度も伸ばせるし、客観的指標としても伸ばせるし、ここは幸せ実感の伸びしろがあるぞ、と思っています。そんな時に、あー東ティモールに積極的に取り組んでいる方が近くにいるじゃないか、と(笑)。

私としては、この東ティモールを具体的な突破口にして、まず県が今よりも一層、海外との繋がりに取り組めば、やがて県内に裾野が広がっていって、非常にいい雰囲気になるんじゃないかと。

今　なぜ、東ティモールかと言うと、大野市で2015年から始めた水のプロジェクトCWPで、大野市の強みである「水」、その地域資源としての水で、大野市を世界に発信するという取り組みでスタートしたんです。まずは、水の大切さを分かち合うために、水に困っているところに市民の寄付による支援を行なって繋がることになりました。それで相手国を探してユニセフを通じ調べたら、東ティモールとネパールが出てきて、これはアジアの中では最も水の環境が悪い2国です、と。どっちがいいですか？　と言われて、国としては若いし、人口も若いので、ちょうど高齢化率が高い大野市とは逆で、面白いんじゃないかと。それで、今のCWPに発展するわけです。

つまり、大野市みたいな小さな自治体でも、世界とつながって世界のために貢献したりとか、世界を見聞きして、中で何かしたりということができるっていうのが、この地域全体を拓くための取り組みでした。市の取り組みだけでは続かなかったけれども、いま一般社団法人としてCWPを続けている中で、飛田さんが県民のために着目してくれたのはすごく嬉しい。

◆途上国支援ではなくて、相互発展のために

鈴木　このCWPは、東ティモールという小国でやっていることが滅茶苦茶面白い。ツクリエは、事業としてグローバル展開もしていて、特にアフリカとか東南アジアとか南米というチャレンジングなところに、あえて行っている。そういう国々は、これから人口がどんどん増えるし、国として発展していく。まさに起業の精神と同じ。それで実証実験もやりやすい。日本とか欧米だと既に仕組みができているから、例えばクルマ、自動運転で走らせるだけでも先進国はたくさんの許可が必要だけれども、例えば東ティモールだったら、いいからそこで走っといて…という世界でしょ、いろんなチャレンジができる。

飛田　いや、最初は、東ティモールって、どこ？　って正直分からなかったですけど、今さんに教えられて、知れば知るほど、面白い。いろいろな福井県の地域課題を解決する可能性を、東ティモールに求められるし、逆にその東ティモールの人々にとって福井県としての技術とかノウハウとかで貢献できることもあるし、互いに双方向にいろいろやれるこ

とがあるんじゃないかと思ってます。

今　CWPの事業で大切に思っているのは、われわれは途上国への一方的支援ではないということ。お互いにメリットがないと意味がない。それはもう生身の人間かもしれないし、気付きとか文化とかかもしれないし、…いろんな面でプラスになれたらいい。支援だけだったら面白くないんです。互いに同等の立場で繋がりを持とうと。先進国が発展途上国に手を差し伸べるというスタンスには絶対しないですし、その考えは大野市時代から変わっていません。

鈴木　僕は、小が大を倒すという世界が好きだから、大国ではなくて、これからの途上国で何かやるというのには、滅茶苦茶に燃えますよ。

今　東ティモールは、10年前の2014年ぐらいの時、人口が110万人だったんですが、今は135万人かな、あっという間に増えてますよ。国として若いから成長も早い。だから、早く水を送らないと(笑)。

3 鈴木英樹 × 飛田章宏 × 今 洋佑 対談

対談者紹介

飛田　章宏　ひだ　あきひろ　福井県 幸福実感ディレクター

1980年生まれ。早稲田大学卒業後、2003年4月に福井県入庁。産業や観光行政のほか部局横断的な政策づくりを担当後、管理職等に積極登用する人事のチャレンジ制度に手を挙げ、2023年5月から現職。大学・企業などと連携し、県民の幸せ実感・ウェルビーイングを高めるプロジェクトを推進している。福井県越前市出身。

鈴木　英樹　すずき　ひでき　株式会社ツクリエ　代表取締役

1969年生まれ。商社、コンサル会社を経て、2002年より起業支援に関わる。2006年テクノロジーシードインキュベーション(株)入社、2009年に同社取締役。2015年、(株)ツクリエを設立し、代表取締役就任。これまで25か所以上の起業支援施設の責任者を歴任するとともに30社以上への投資を経験、グローバルな視点で若者の起業や会社経営に積極的に関与している。愛知県旧一色町(現・西尾市)出身。

3 鈴木英樹 × 飛田章宏 × 今 洋佑
対談

第5章
人がいれば、そこにまちづくりがある　人口減少社会のあるべき形は

「消滅可能性都市」への違和感　人口減少は地方の努力不足なのか？

大野市にいた際の体験で印象深いものの一つなのですが、当時は地方創生の議論が最も盛り上がっている時期で、政府は「希望出生率1・8」という数字を掲げていました。国が国民に対して子供を産むようにと強制することは当然できませんが、他方で国民が希望する子供の数に対して、現実のさまざまな障壁によってその希望を叶えられない状況があるならば、それが叶うような環境整備を官民一体となって進めていく、という政策目標で、それは確かに一定の論理的説得力があると感じていました。

ただ、では実際に地方議会でどんな議論がなされていたかということになると、私の体験では、結局のところ、例えば医療費免除の年齢幅を拡大させるとか、給食費を無償化するとか、子供一人当たりどの程度手当をつけるとか、そういうインセンティブの議論が多かったように感じ

ました。しかも、質問としては例えば、「隣の〇〇市は〇歳まで医療費を無償化するが、大野市はなぜしないのか」など、結局のところ横並びを意識したような質問が多く、独自性を持った政策を打ち上げるという空気にはなりませんでした。

しかし、これは地方議会や地方自治体のレベルが低いからこうなる、と単純に片付けるわけにはいきません。そもそもの大局的な課題設定に縛られて、こういう議論になってしまう側面も無視できないと思います。

地方創生という政策課題が立ち上がるに当たり、大きな影響力を持ったキーワードに、「消滅可能性都市」というものがありました。これは、地域における出産可能な年齢層の女性の人口変動の予測から、その地域が将来にわたってどの程度人口規模を維持できるのかを考察し、一定水準以下の地域について「消滅の可能性がある」として定義したものです。その議論の延長線上に、先ほどの「希望出生率1・8」が出てきたわけで、地方を維持するためのメインターゲットを人口の確保においていることがわかります。

一見、これは合理的な判断にも見えますが、しかしよく考えてみれば、日本の人口は全体にわたって今後数十年間、減少することは既に確定しています。これは小手先で少子化対策施策などを打ったとしても（もちろんあらゆる手段を講じることは重要ですが）、この人口減少トレンドをすぐに変えていくことは不可能です。しかも、実際のところ全国で比較してみると、出生率が少ないのは地方ではなく、都市の方です。これは、都市というものの成り立ちを考えれば当然のことで、都市は生産や消費、富の算出や蓄積のために人々が自然と集まる場所ですから、歴史的に見ても、都市の方が地方よりも出生率が高まることは考えにくいです。

そのような背景にも関わらず、地方創生という政策において、各自治体の創意工夫に応じた交付金を配分し、人口減少対策をある意味「競争させる」ような環境を作ってしまったという側面が、当時の地方創生政策にはあったように、いま考えると感じています。それによって、地方の自治体同士が人口の取り合い、若者や移住者の奪い合いのような争いに巻き込まれ、全体の人口が減る中でゴールの見えないレッドオーシャンに入ってしまったことが、先ほどの大野市議会での非生産的なやり取りを生み出した面も否定できないと思います。

全国には、元気な地域と呼ばれるところもたくさんありますし、別に外部から元気だと評価されなくても、豊かな暮らしを守っている地域もたくさんあるのだろうと思います。そういう地域は、人口が結果として増えているところもあるかとは思いますが、必ずしも人口の数が成功のバロメーターになっているとは言えないのではないでしょうか。人口が減っていても、さまざまな側面で健全に経営されている自治体はあり、そういうところでは地方創生の交付金もとても有効に使って成果を挙げられている事例が多いと感じます。

人口が減ると経済が縮小し、地域の維持が困難になり…というのは、極論すれば、集積によるメリットが存立の目的となっている、都市の論理です。そのシステムを維持しようとするならば（それは国全体の暮らしを守るためには確かに意義があることだと思いますが）、その責任を地方の努力不足や競争力不足として押し付けることは、間違っています。行き過ぎた一極集中の弊害はもう何十年も前から言われていることですし、都市の方がそのあり方を見直すべき事柄も多いはずです。

そういった、都市側から押し付けられた論理で地方が消耗するのではなく、国土全体を大局的に捉え、各々の立場で人口減少社会に適応していく工夫をしていくことが、何より重要なスタンスだと感じています。

インフラは無料ではない　社会全体で支えることで、メリットを享受できる

2024年3月に、北陸新幹線が福井県の敦賀まで延伸し、首都圏と福井が高速鉄道で直接結

ばれました。新幹線という基幹インフラは、人口減少下においてはこれ以上の整備は不要ではないかという声も確かにありますが、インフラには需要創出効果があり、整備することによって新しい経済活動を生み出す効果があります。また、新幹線のように高度で巨大な建設プロジェクトは、地域に雇用と経済効果を生みますし、日本がこれまで培ってきた技術を守り育てていく機会としても重要であり、引き続き整備を進めていくべきと考えています。

私は大学院まで土木工学科で学びましたので、公共事業、インフラ整備については考えさせられることがこれまでも多くありました。

例えば、よくある言説として、公共事業に依存した経済は不健全であるかのような主張がなされることがありますが、本当にそうなのでしょうか。人々の暮らしを支える道路や鉄道、橋梁やトンネル、上下水道など、さまざまな種類のインフラが公共事業として建設され、維持管理されてきています。これらのインフラが無くなると暮らしがおぼつかなくなることは、災害のたびに被災者の皆さんがご苦労されていることからも明らかなことですが、このインフラは決して無料では得られません。国の予算における公共事業費は約6兆円で近年横ばいで、過去のピーク時よりも削減されている状況ですが、そのことがインフラの十分な維持管理を行えない要因となり、近年の災害被害や事故の増加につながっているとの指摘もあります。

水の取り組みCWPでご一緒している管清工業株式会社は、下水道管路管理業の国内大手であり、まさに下水インフラの維持管理の最前線にいる会社です。同社の長谷川社長から教わったのですが、全国の下水管の総延長約50万キロメートルのうち、標準耐用年数50年を経過する管路の延長が、現状では約6％ですが、10年後は約18％、20年後は約40％と、加速度的に増加する見込みとのことです。もう日本には十分なインフラがあるという感覚があるかもしれませんが、維持管理の課題がこれから重くのしかかってきますし、更新の際には新しい技術等を導入し、これまでより便利に、安全に更新することが求められます。

また、公共事業を全国津々浦々で展開するのは、便利で安全な暮らしの実現と同時に、地域の経済を守ることにもつながります。例えば大野市では、夏は各種の建設業に従事し、冬は除雪作業に従事するという会社が多くあり、特別豪雪地帯である大野での暮らしを支えてくれています。

雪の対策として、市は十分な対策費を工面すべく毎年苦労して予算編成を行いますが、もし予算を確保できたとしても、それを執行してくれるだけの技術と体制を持つ企業が地域になければ、十分な除排雪を行うことができません。そのような企業を支えているのが、夏に発注されている公共事業での仕事です。公共事業そのものにもインフラを整備する価値があり、またそれが冬の除雪体制にもつながっています。そのこともあってか、大野市内は除雪が行き届き、かつ対応も早いということで、県下でも有名だと聞いています。

このように、公共事業を通じて、地域の経済においてはさまざまな側面が有機的につながって、人々の暮らしを形作っているということを、これまでの活動から日々感じています。

「民営化」「合理化」だけではなく、最善の仕組みを自分事として模索する

実家のある北海道岩見沢市には、お正月やお盆など、年に数回は帰省するのですが、高校時代などの昔を思い出しながら考えると、雪のために札幌〜岩見沢間が運休になったり、あるいは事前に計画運休を行う頻度が、年々高まっているように感じます。ニュースを見ると、確かにJR北海道の経営が厳しくなっていることや、技術を担う社員の方々の待遇を適切に行うべきこと、人員の確保が難しくなっていることなどが背景にあるのかもしれません。また、これはJR北海道だけの話ではなく、首都圏でも台風接近に伴う計画運休のハードルが年々下がってきています。無理をするのではなく、安全の確保を第一にして、復旧のスピードをしっかりと確保することでサービスを維持することが社会のニーズとして求められてきています。

他方で、経営の厳しさという面に戻ると、これは当初の国鉄民営化の設計上、いわゆる3島会社とよばれる、JR北海道、JR四国、JR九州が経営的に苦しくなることは、当然のように予測されたことでした。それは民営化を通じた経営合理化と企業努力で何とかするというのが基本的なスタンスだったわけですが、やはりそれだけでどうにかなることではなく、昨今も更なる廃線や本数の削減などの議論がますます活発化しています。

いつも感じることなのですが、会社としての経営の持続はもちろん大事なのですが、これらの交通インフラは、そもそもは国民の資産を投入し、暮らしを便利にして、人々がその地域に住めるようにするために整備されたものです。その上で、これまでも何度か述べているように、都市と地方との人口移動や経済還流など、一体的な国土経営を図るべく、都市での収益を地方でのコストに充てて、全体を支えていくことが、都市にとっても地方にとっても意味があることだからこそ、その合意のもとにそういう枠組みとして、鉄道であればかつての国鉄という組織が運営されていました。

これを、人口が減少することによる見直しはもちろんあるにしても、全体を分割した上で、経営が難しい地方を担当する企業体についてもそのエリア内だけで合理化を進めさせるというのは、言ってみれば本末転倒にも思えますが、本当に正しいことなのでしょうか。逆に、これからの国土全体を支えていくために、たとえば東西の2つに企業体を再編し、ネットワーク効果を維持するなどの発想があっても、おかしくないように感じます。

このようなことは、地域のバスやタクシーなどの二次交通にも言えます。日本においては、地方のバスは基本的には独立採算のサービスとしての運用が行われていますが、人口減少時代においては、現状の運賃設定で収支を安定させられる地域はほとんどありません。私の自宅がある神奈川県川崎市の郊外においても、まだまだ十分な人口密度はあると思うのですが、毎回ダイヤ改正のたびに路線バスの本数が減少しています。運転手の確保が難しいという業界の事情も、結局のところは待遇や経営方針などから来るところも大きいです。

どのサービスにもそもそもの目的があり、それが社会にとって広くメリットがあることであれば、いわゆる公共的なものとして位置付けて全員で支えていくことが、人口減少の社会においてはますます重要になります。それは必ずしも、国や自治体が直接サービスを担うことを指すわけではなく、株式会社であろうと、第三セクターであろうと、全員で広く支えることが実現できるような仕組みを作っていくという、柔軟な発想が求められています。

例えば、地域の路線バスで言えば、究極的には、もしその路線が本当に必要であれば、いくらま

で運賃を住民が払うことができるのか、という利用者負担の考え方がまずあります。加えて、自分は直接的にはバスに乗らないけれども、バスが地域の人々の暮らしを支えていることで自分も間接的にメリットを享受している、という観点では、例えば自治体からの補助を大きくして、その財源を税金等の形で住民の方々から広く集めるという考え方もあります。

ここで重要なのは、住民と行政、企業とが一体となって、課題に真剣に向き合い、掘り下げることを通じ、同じ方向を向く覚悟が持てるかどうかだと思います。そのためには、まずは地域にどのような交通手段があるかなど、問題を自分事として考えることが不可欠です。

そのような観点から、2023年には「のってこふくい」というカードゲームを、福井県の交通担当の皆さんと、アナログゲームの作成を通じた社会貢献を目指すクリエイターチーム「66（ロクロク）」と一緒に開発しました。このゲーム、実際にプレイすると最初はなかなか難しいのですが、慣れてくると結構本格的なゲーム性を持っており、ゲーム好きの方であればはまること必定です。これまでに、県の方で県内大学でのワークショップ等も開いてくれており、今後、北陸新幹線の延伸に伴う二次交通の重要性の高まりに合わせて、さまざまな場面で皆さんに遊んでいただき、楽しみながら交通への意識を高めてもらえることを期待しています。

社会をビッグデータで見る時代　観光DXの広域展開への新たな挑戦

いまや、まちづくりの基本はビッグデータです。私が大野市にいた頃には、地域経済分析システム、いわゆるRESASが整備されたころで、各自治体や企業がさまざまなデータの使い方を模索しているところでしたが、膨大なデータを前にして、これをどのように使えばいいのか、私自身もなかなか分からずに、職員の皆さんと一緒に悩んでいたことをよく覚えています。

その後、技術は飛躍的に進歩し、昨今ではデータそのものの精密化、巨大化に加え、AIによる解析との合わせ技が当たり前のように行われています。例えば下水道分野での取り組みで私が関わっているものとして、管清工業株式会社と金沢大学の交通・防災まちづくり研究室では、共同研究として下水道の内部をTVカメラで撮影した画像を基にして、コンクリート管の劣化度合いについて少ないデータからでも精緻に推測できるようなAIの学習及び活用のあり方を研究しています。このように、データとAIを組み合わせることにより、人手をかけることなく、また危険な場所に直接アプローチせずとも現状を把握することが容易になりますし、AIを進化させることにより、これまで活用が難しかったアナログな情報なども分析対象とすることができ、新たな気付きを得ることにもつながります。

私がいま特に注力しているのは、観光分野でのデータ活用の促進です。2023年4月、金沢大学に「先端観光科学研究所」という新たな研究所が誕生しました。この研究所では、観光を科学するという旗を掲げ、これまで観光の分野で中心的なアプローチだった、地域の資源のストーリー化などの文系的なアプローチに加え、データサイエンスの要素を加えることにより、文系・理系・医系を融合させた新しい学問体系として、観光科学を確立することを目指しています。

また、この研究所の特徴として、社会との連携を重要視していることがあります。大学の研究所というと、よくわからない最先端の研究を中で進めているというイメージがあるかもしれませんが、こと観光の分野においては、事業者の皆さんや行政との連携が無ければ、研究活動もおぼつかないですし、逆に研究成果を生かしてもらうことができません。なので、大学と社会をつなぐ翻訳者のような立場として「コーディネーター」を配置しており、行政経験と民間経験が有るということで、ありがたいことに私がその役目を仰せつかり、関係の皆さんとの連携を進めさせてもらっています。

この研究所ではさまざまな研究が行われているのですが、最近大きな取り組みとして始めたのが、北陸3県全体での観光DX化に向けた、インバウンド観光客の面的なデータ取得と活用の取り組みです。実は、観光DXの分野においては、福井県は全国、さらには世界中でも注目されるべき成果を挙げています。福井県観光連盟が主導して取り組まれている観光オープンデータ「FTAS」では、福井県を訪れた観光客の足取りや、観光地を訪れての感想などが手に取るようにわかり、しかもすべてがオープンデータという形で社会に還元されています。これほどの取り組みは世界でも例がありません。

今回、福井県観光連盟はじめ関係者と連携し、研究所では、このノウハウを北陸3県に広げ、北陸新幹線の延伸を契機として、インバウンド観光客を大きな「北陸」というターゲットに呼び込むための実態調査を行い、研究だけではなく、政策や観光コンテンツの磨き上げに活用するというプロジェクトを企画しました。これまでの福井でのデータ収集やオープン化の取り組みを北陸3県に広げるとともに、研究所が持つデータサイエンスの知見を用いることで、これまで見えてこなかったさまざまなヒントが、データの中から見つかることを期待しています。

幸いにも、2024年度の観光庁によるモデル事業としてこの企画が採択されました。北陸3県の産学官（県庁、観光連盟、地銀、大学、事業者など）が幅広く連携して、観光のDX化に向けた新たな取り組みを進めていくことはとても有意義だと考えており、大学の立場からそれを下支えできることに大きな喜びを感じています。

4

藤生 慎 × 今 洋佑 対談

今洋佑の野心的取り組みとは一体…？

ここ最近、今の意識の中で、「金沢大学特任准教授」の肩書はどんどん大きくなっている。大学院の先輩で気心の合った藤生慎氏との縁で生まれた籍だが、それも自身が取り組む Carrying Water Project（CWP）があったればこそ…。東ティモール研究から、とんとんと話は進みさらに、観光、防災、まちづくりとテーマを広げつつ、今は、まるで水を得た魚のように、金沢、福井、北陸の枠を超えて、夢と誇りの旗印を世界に発信しようとしている。（聞き手：加藤佳紀）

合同会社 夢と誇りのある社会づくり研究所 代表
今 洋佑

金沢大学 融合研究域 融合科学系 准教授
藤生 慎

◆東ティモールは研究の実証フィールド

――金沢大学の藤生先生と今さんは、東京大学大学院（工学系研究科）で、先輩後輩の間柄。ただ、金沢大がＣＷＰに深く関わるきっかけは、ある１人の学生からの藤生先生への相談がきっかけだったそうですね？

藤生　そうなんです。大学が組織改革で、文、理、医の３学部融合を進め始めた２０２１年夏ごろ、融合学域１年の学生から「先生、福井の大野市が東ティモールという国を相手にＣＷＰという面白い取り組みをしているので、深く研究をしてみたいのですが」と相談されたんですよ。その学生は確か静岡出身で、福井出身でもなく、僕と今先生の関係も全く知らなかったんですよ…それなのに、ネットでＣＷＰのことを見つけて、たまたま僕が「専門が土木」ということで聞いてきた。

今　すごい偶然。藤生先生からその話をいただいた時は、小躍りしたくなるほど嬉しかった。でも、その学生から見ても、ＣＷＰは研究題材として面白いと感じたんでしょうね。

藤生　そう思ったんでしょうね。国内から海外へ大きく手を挙げて、みんなの支援をするというのは、すごく新鮮に見えた…その後からですよ、このＣＷＰが金沢大学の研究でも、大きな存在になっていったのは。もちろん今先生の役割が大きい。最初は東ティモールの研究とか、管清工業さんとの共同研究が始まった中で、今先生には研究協力員になっていただいて、東ティモールに学生たちを連れていって、一緒に研究を進めていきましょうというステージになって、駐日大使も金沢にわざわざ来ていただきました。

今　話がとんとんと転がって、学長の判断はすごく早かったですね。

藤生　学長が「東ティモールの国立大学があるのだったら、そこと協定を結んで文理医融合で研究を加速的に進めなさい」というトップダウンで、一気に協定を結ぶという…あれは早かったんですよ。国際部をがぁーと動かして、副学長を動かして…すぐ決めちゃった。

――金沢大にとって東ティモールはどこに魅力が?

藤生　東ティモールはやはり若い国だということと、いろんなデータが取れるということと、あとはうちの学長がよく言う「キャンパスも実証型キャンパスだ」という感じで、「いろいろなものを実証できる場をつくりなさい」ということで、大学は研究室の中でとどまって理論研究をやったり、何か研究室の中で実験して終わり、ではなくて、そういう意味では社会にどう還元するのか、そこを大切にしている。それに例えば、僕は土木、交通、防災、それに関連するまちづくりをやってますが、今先生は、それを研究する実証フィールドを見つけてくれる。データだったり、実証フィールドだったり、今先生が(実証の場を）開拓してくれるんですね。大学研究者はそこまではできないので。

今　…なので僕は金沢大にとって、一体何者なのか、謎なんです（笑）。特任准教授の肩書きを一応いただいてますが…。でもやはり、大学の先生方や学生が入ることで、世の中が良くなると思うところは繋ぎたいし、一緒にやりたいですね。藤生先生はパートナーとして、CWPにしても本気でやってくださるのが本当に有難い。

藤生　テーマもいつも世界最先端だしね。

今　新しいことじゃないと、今の課題に立ち向かえないはずじゃないですか。今のままでダメだから課題になっているわけ。で、そこにタックルするということが大事で、潜在的にその問題意識を持っていて、それを共通で持っていらっしゃる方が一緒にできるみたいな。

藤生　やっぱり…CWPもそうですし、これまでに東ティモールの交通、観光、維持管理、防災といういろいろ研究をやっていますけれども、データがないところでデータを取って、それを料理して分析して、アウトプットを出してという…まだデータがないところで、新しいデータを取ってというその部分はかなり重要で、日本みたいなところはいくらでもデータがあるんです。誰も使っていないデータを取ってくる、もしくは難しいデータを苦労して取ってきてそれを料理するって、そこがすごく大切で、それが東ティモールでできている、というのがすごい話なんです。

◆東ティモール研究が日本の課題解決に繫がる

―その東ティモールの研究が、日本の人口減少対策や解決に繫がる可能性はあるのですか？

今　藤生先生がおっしゃられたように、社会がどう変わっていくのかというプロセスをもう一回見ることによって、次のステップを考えていくということは当然あり得ると思いますし、データの取り方を見つけて、そこで最先端のデータの活用ができるスキームができれば、それを応用して日本で使うこともできる。課題は異なっても、その根っこのスキームは一緒ということもあり得るじゃないですか、ですから、日本が学ぶことも幾らでもあると思います。逆に日本の中だけで考えていても解決策は出てこないんだと思う。地方創生…これは大事だけれども、国内だけで考えていても限界がある。だから外に出ないとダメなんです、それを藤生先生がデータを切り口にバーンとやってくださる。だから東ティモールの価値、それは水のつながりで交流とか産業育成とかいろいろやっていますけれど、（金沢大学は）そこに新しい価値を足していただいた、と僕は思っている。

藤生　もうひとつ付け加えるなら、日本の国際援助や国際協力の場合、研究者らが現地に入ると、すぐにマスタープランとかグランドデザインを作り始めるんですが、それは全くNG。まずは現状把握から入らなくてはいけない。

今　パターン化しているし、それは国際協力という名の押し付けなんです。日本の地方創生という文脈でも同様で、これは自戒を込めてでもありますが、中央官僚がばーんと地方に出向で来て、何かまちを改革するとか、こうやればいいんだっていう風に上からやるだけでは意味がないわけで。結局はボトムアップを促してやっていかなくてはいけない。そのための材料をいっしょに見つけましょうという話なんですよね。CWPの場合、日本と東ティモールとは対等の立場でやりますので、先進国風を吹かすような協力連携とは違うと思っています。東ティモールの社会の移り変わりを見ることで、きっと日本も学ぶことは多いはず。

◆「観光」を科学する金沢大学の最先端研究所

藤生　金沢大では今先生に観光もお手伝いしてもらっています。2023年から学内に

「先端観光科学研究所」という機関もできて、人材を集める話の時に、コーディネーターみたいな人間が必要だろうと…。社会と大学、地域と大学の間に入る人材、それも今先生に白羽の矢が立った。そもそも、観光の研究ってどちらかと言うと文系なんですよ。先端観光科学なので、データに基づいてとか、エビデンスに基づいて観光を科学するというのが、観光科学研究所のミッションで、本を読んで観光について語るのではなくて、データに基づいて観光の将来を、ちゃんと未来を予測するとか、現状を把握するとかが研究所の一番の役割です。

今　僕は観光の専門家でも何でもないですが…、やっぱり大野、福井があって、金沢があって、で、その先がある。北陸全体とか北信越で、全体でやりながら、世界に発信するというコンセプトでやりたい。あと大学側にも、こんな研究であるべき、という観点を伝えていきたい。別に外に何かを繋ぐだけではなく、中も変えていかないといけない。これは農業をよく知らない僕が農協と関わっている件と同じ。そのためにも、いま藤生先生がおっしゃられたように、データをどう活用するかが重要。データって中立的なんです。だから研究者が見たデータ、行政から見たデータ、企業から見たデータ…って使い方はそれぞれだけれども、共通の言語としてデータは使えると思う。観光は文系の研究なのかも知れないけど…そうではなく、理系の視点、あるいは企業や行政からの別の視点で分析すると、見えてくるものがあるかもしれない。だからこそ、この研究所は多分、いい研究所になるはずで、そこを突き詰めていきたいですね。あと、大学では藤生先生の本業である「防災」の分野でも僕の出番があるかも知れない。

藤生　最近は、日本でも地震や水害などの災害が頻繁に起こるようになってきたので、どうにかしないといけない。「防災工学」・「防災計画」という分野は土木工学の中にあります。一方で、その下にぶら下がっているのが、土質力学、構造力学、水理学、土木計画というのがあるんですね。この4分野に「土木」は分かれていまして、これに環境を加えると5分野。その中に防災工学という分野はないんですね。なぜないか、というと、防災は総合工学なんですね。全部知ってないとできない、なので、大学で初めて防災工学が出てくるので、学部生は防災工学を習ってないんです。なぜかというと、学部で土、水、構造、計画、環境という5分野を全部マスターしないと防災工学ができない。土も知らない、水も知らないのではだめであって、総合工学としての防災なんですね。「防災」は全部繋がっていて、観光も防災ですし、リアル災害も防災だし、交通だって災害と繋がるし、防災は実はまちづくりに通じる。CWAPって、ご存じですか？

今　CWAP…分かりません。

藤生　これまでの防災計画は、一般の健常者のことしか考えてこなかった。普通に移動できる人の防災計画を立てて、金太郎アメ方式でどれも一緒。CWAPは救急医学から出てきた言葉ですが、チルドレンのC、ウーマンのW、エイジットパーソンのA、プアパーソンのP。プアパーソンのPは、これは言葉が通じない外国人を指す意味でプアパーソン。社会が多様化する中で、これから重要視しなくてはいけない要素です。今、行政がつくっている避難計画がちゃんと機能するのか。避難距離2500メートル、5000メートルと想定して普通に作るんですけれども、逃げられない…爺ちゃん、婆ちゃん、そんなに逃げられない。足が悪いとか整形外科に通っているとか、人工透析しているとか、不整脈の人が5000メートルとか、そんな先の避難所まで歩かせるのか。でも、そういう計画になっている。

今　いまの話を聞いていると、大野市の時代も、大水被害とかいろいろあったので、あの時こうしておけばよかったとか反省点も多いです。安全な地域づくりという観点で、僕もいろいろお手伝いできそうですね。

◆地域を元気にする開放性、多様性、連帯性

藤生　いろいろ研究ベースで調べてみると、地域の結束力が高いところほどVulnerability（脆弱性）が小さいというか、何に対しても交通安全にしても、観光客の受け入れに対しても、災害に対しても、すべて地域結束が強ければ強いほどいろいろなものへの対応力が強いとデータ分析をしてみると明らかなんです。災害対策だったり、まちづくりだったり、観光客の受け入れについても、やはり地域の結束力が強い場所にお客さんが来ると満足度が高いのです。

今　なるほど。

藤生　うちの大学の先生に、地域の結束力を見える化、数値化している先生がいる。「向こう三軒両隣りプロジェクト」というのだけど、住民に「隣に醤油借りにいけますか？」とかを尋ねるんです。そしてデータ化する。地域の結束力を計測してみると、その数値が高いほど、住民同士のつながり、助け合いの度合いが強い。しかも地方の方が、大都市圏よりも結束力が強い、共助力が高い。

今　それこそ、僕が大学院の際に書いた修士論文にあった「地域の連帯性」とも繋がる話なんですね。開放性、多様性、連帯性、この3つがあると地域で交流があって元気になるみたいな。これはCWPにも繋がるんですが、僕のこの本のタイトルとも関係していて「結束する地域」は「地域に誇りを持っている」ということなんですよ。だから「夢と誇り」というのは、自分たちの自治意識なんですよ。やっぱりそれを守るとか、大切にするとか、それがあることによって、外の人も受け入れる度量を持てるし、自分たちの夢にも挑戦できる。この地域の連帯性、いわば助け合いの精神は、大野市では「結（ゆい）」の精神と呼んで、まちのブランドキャッチコピーにもしていました。

藤生　そういえば、僕のところにいた大野市の学生、松田くんは、集落の中にある自分の家ではいつも鍵を掛けないので、鍵を持ち歩いていないって言ってたね。

今　そうそう、大野ではほとんどが鍵を掛けないで生活してます。そうでした（笑）。

藤生　びっくりするよね。「じゃ実家帰る時、どうするの」と言ったら、普通にいけば帰れるって、「玄関が閉まっていたらどうするの」って聞いたら、「勝手口かどっかは開いているよ」と言うんですよ。だからね、鍵を掛けているかどうか、っていうのも重要な指標で、鍵を掛けなくなると、もうほぼほぼ、地域結束力は100％に近い。

今　なるほど、じゃ大野は、結束力は完璧ですね（大笑）。

4 藤生 慎 × 今 洋佑 対談

対談者紹介

藤生　慎　ふじう まこと　金沢大学 融合研究域融合科学系　准教授

1982年生まれ。2013年、東京大学大学院 学際情報学府学際情報学専攻博士課程修了、博士(学際情報学)。2021年4月より、金沢大学融合研究域融合科学系准教授。専門分野は防災計画、維持管理計画、交通計画。近年はビッグデータ、ドローン、クルーズ、維持管理計画、人工衛星、航空VS新幹線、BCPなど学際的・異分野融合の研究にも注力。2022年にはインフラメンテナンス大賞(文部科学大臣賞)を受賞。栃木県大田原市出身。

4 藤生 慎 × 今 洋佑 対談

第2部

官と民、
中央と地方を渡り歩き気付かされた、
この国のかたち

第6章 国を支える霞が関　変わらない仕事の重みと変化する時代への対応

なぜ内閣府へ　地方の課題に取り組むには、まず中枢を知らないと戦えない

私が最初に就職した内閣府という役所は、そもそも知名度が低く、「そんなところあったんですね」「何をするところですか」と言われたり、「内閣府って職員の採用をしているんですね」などと言われたりもします。ではなぜその役所を選んだのかと言えば、そもそも自分が大学時代に抱いた、地域活性化への思いまでさかのぼらなければなりません。

高校までの18年間を北海道で過ごし、岩見沢市というごく一般の地方都市で育ってきた私が、大学入学の際に東京に出てきて抱いた思いは、ここは本当に同じ日本なのかというレベルでの大きな驚き、そして戸惑いでした。人は多いし、電車はひっきりなしに到着し、しかもいつ切れる

かわからないほど車両がつながっている。大学の友達との飲み会は渋谷で行われることが多かったのですが、あの有名なスクランブル交差点に最初に行ったときには、どうやって歩けばいいのか…と途方にくれたものです。

友達と話していても、都会出身のみんなは何かが違って、いま思うとそれは洗練という言葉で表現されるものかもしれませんが、おしゃれだし物知りだし口は立つし、色々と気後れする場面が少なくなかったですね。会話の中では、よく覚えているのですが、「今くんのうちからコンビニまでは何キロ離れているの？」「結構家の周りでクマが出る感じなのかな？」なんて聞かれたりして、逆に北海道というだけで、実態とかけ離れたイメージを向こうも持っているものなのだなと思わされたりもしました。

そうして都会で暮らす中で、だんだん、なんだかおかしいなと思うようになってきたのです。東京の人たちと、岩見沢市の人たちとで、あまりにも置かれている環境のレベルが違うのではないか。それは単なる娯楽の機会の数や、住んでいる人の多さなどだけではない、例えば人生でつかみうるチャンスの量や質のような、もっと根本のところも含めて、都会と地方には何か大きな格差が存在しているような気がして、それでいいのかという率直な疑問が湧きました。

大学3年になって、学内で進学する学科を決めるときには、そういう国土のあり方というか、人々の暮らしをマクロ的に扱いたいと思い、土木工学科で国土計画・地域計画などを勉強することにしました。そうすると、更にさまざまな側面、例えば交通ネットワークや防災計画、人口動態、地域経済などの切り口から、都市と地方の格差というものを学びました。

このままではこの国はどうなってしまうのか。当時はまだ、持続可能性、サスティナビリティのような言葉はあまり一般的に使われてはいなかったですが、まさにこの国の持続可能性を確保するためにも、都市と地方の格差の解消、地域の活性化に取り組まなければいけない、と思うようになりました。でも、そんな大きな課題にどうやって取り組めばいいのか、と考えると、途方にくれますよね。自分もどうしたらいいのか、具体的なプロジェクトをすぐに思いつくほどの才能もないし…という中で、まずはこの国のことをもっと知ろう、と思ったのです。そうすれば何かに取り組むときにたくさんの引き出しを使えるようになるはずです。

そうすると、どうせなら一番中枢に近いところに行って、見えるところを全部、薄くてもいいので見てしまいたい、それから自分がどこで戦うのか、何で戦うのか決めていこう、という考えになりました。その時に思いついたのが、内閣府だったのです。

当時は、小泉純一郎内閣の時代でした。私が大学に入った年（2001年）に小泉内閣が発足し、その国民的な人気はすさまじく、駅の売店にある夕刊紙の宣伝にいつも「小泉」とか「田中」

（眞紀子外務大臣）などの名前が踊っていましたね。その小泉内閣の政策推進の仕掛けとして脚光を浴びていたのが、内閣府に置かれていた経済財政諮問会議です。２０００年に国の中央省庁が再編され、内閣府という役所が政策の総合調整を担う組織として新しくできました。各省庁にまたがる政策を取りまとめるエンジンとして新たに設けられた仕組みが、重要政策会議と呼ばれる４つの会議体で、中でも経済財政諮問会議は、最強官庁とも呼ばれる財務省をもけん制しうる仕組みとして設計されつつも、設立当初はうまく使われていなかったのですが、それを小泉首相がフル活用して政策を進めたのは周知のとおりです。

そんな、内閣府のある意味「全盛期」を報道で見ていた私は、内閣府に入れば若いうちから政策決定の中枢に携わり、重要な勉強ができるのではないかと思いました。それで理系でありつつも法律の予備校に通って、法律職で公務員試験を受け、内閣府に採用してもらうことができました。

実際に入った内閣府は、本当に大変な仕事ばかりの役所でした。でも、府内での経験をはじめ、たくさんの省庁に出向させていただき幅広い政策分野に関わることができましたし、また英国留学や地方自治体である大野市への出向も含め、本当にたくさんのことを勉強することができました。採用同期をはじめ多くの同僚にも恵まれ、いま振り返っても内閣府にお世話になることができて良かったと、心から思っています。

ミッションは「総合調整」　ホチキスと揶揄されても政権を支え、各省庁を束ねる

では、内閣府が背負っている役目は何かというと、それは「総合調整」機能です。と言われても、それは何だ、という感じですよね。実際のところ、いわゆる霞が関で働いているキャリア官僚の中でも、内閣府と他省庁との違いや、内閣府と内閣官房との違いなど、内閣府を取り巻く政策的な仕組みについてきちんと理解している人は、それほど多くありません。

2000年に省庁が再編され、内閣府ができたわけですが、なぜ省庁を再編したかというと、大きな目的の一つは総理大臣のリーダーシップを確保することでした。時代のスピードが速まり、社会情勢が大きく変わっていく中で、大胆かつ迅速な政策の検討・決定を行っていくためには、総理大臣の力を強化して、国政を引っ張っていく必要が生じます。しかし、再編前の省庁のあり方では、政策分野ごとに設置された各省庁の権限が強く、まさに縦割りというような状況で、政策は基本的にボトムアップで作られるものでした。

その中に、時の内閣の重要課題を受け止め、推進するための仕組みとして作られたのが内閣府

です。総合調整とはそのために新たに作られた概念で、ある政策分野について法律上はどこかの省庁が担当する（これは「分担管理事務」と言います）のですが、内閣、さらに言えば総理の目指すところに応じてそれらの省庁に対して意見を出したり、時には省庁間にまたがる内容を調整したり、さらには法律上は各省庁への勧告権などもありますが、ざっくり言えば、総理の目指す方針を実現するために各省庁と「戦う」ことが内閣府の総合調整に求められていることです。

ただ、ここで難しいのは、やはり権限や情報、ノウハウ、人脈など、各政策分野においては担当省庁が絶対的な力を持っています。彼らがプロだとすれば、内閣府は実際のところ素人のようなものと言っても過言ではありません。私自身、例えば文科省に出向した際には、内閣府の総合科学技術・イノベーション会議からの指摘に文科省の職員として悩まされることもよくありましたし、各省庁の立場もよくわかります。各省庁からすれば、内閣府は総理指示・官邸の意向などを振りかざし、現場のことをわかっていないのにいろいろと押し付けてくる、厄介な組織に見えることも多いです。

また、例えば私も担当した女性活躍・男女共同参画など、非常に幅広い分野にまたがるような政策課題についての方針を取りまとめ、一つの計画としてまとめるような仕事も内閣府の総合調整に入ります。その際には、各省庁から具体的な政策の内容をもらうわけですが、それは形としてはメモや資料としてもらいつつ、ではその文言に内閣府が口を出そうとすると、そこには法律の壁や予算の壁、時には族議員の壁などもあり、そう簡単に修正することはできず、各省庁に言われるがままに計画をただまとめていくことも多いです。なので、内閣府は集まってきた資料をただまとめるだけの「ホチキス」である、と揶揄されることも多いのです。

ただ、確かに力及ばず、どうしようもないこともあるのですが、内閣府側も頑張って戦います。その際に意識することは、どれだけ「プロの素人」として頑張れるかということです。各省庁はその分野ではプロですが、プロだからこそこれまでのやり方に縛られたり、業界や現場の影響を排除できなかったり、硬直化しているところがあったりもします。

一方、内閣府側は官邸の意向などもありますが、プロではなく素人、つまりは一般の国民目線、民意の目線で見たときに、いま何が求められているかを、データなども駆使しつつ、真摯に訴えていくことができる組織です。そういう中で、古いしがらみを解消したり、これまでつながっていなかった分野に横ぐしを通したり、新たな発想をどんどん入れていくことが、総合調整に求められることです。

この作業には、本当に労力がかかります。データも必要ですし、ロジックの組み立て、根回しなどの組織スキル、そして何より、自らがよって立つ信念が必要です。なので、とても分かりづらく、また言語化もしにくいノウハウなのですが、内閣府の仕事にはこうした総合調整での付加価値がいっぱい詰まっています。そして、それを活用し実践する、内閣府の担当官一人一人のこうした努力や信念によって、総合調整の価値が実際に決まっています。あまり書くべきことではないかもしれませんが、その担当者が手を抜いたり、勉強不足であれば、十分な成果が得られていない状態にもなりますが、それでも物事は進んでしまいます。そうすると、いまはわからなくても、後世の国民に対して実は損失をもたらしているかもしれないのです。

内閣府で働いている皆さんは、実際には他の組織からの出向の方も多いのですが、皆さんすべからく、この総合調整の重要性と大変さを理解した上で、日々の業務にあたっています。私も、仲間の皆さんとともに、できる限りこの総合調整にプライドを持って、内閣府だからこそできる仕事をしたいと思い、全力で取り組んできたつもりです。

担当課長補佐として全省庁との戦いを取りまとめた「第4次男女共同参画基本計画」、このときは安倍首相がアベノミクスの一丁目一番地として女性活躍を掲げられ、その分とてもハードルの高い戦いになったのですが、これが完成した際には本当に泣きそうになるぐらい（というか打ち上げでは泣いていました笑）、仲間とともに精魂込めて取り組んできました。

その総合調整のスキル、プロの素人としてどうふるまうとインパクトを出せるかというスキ

第4次男女共同参画基本計画（概要）②

政策領域目標一覧

※ 政策領域目標とは、計画の効果的な推進、実効性あるフォローアップを行う観点から、重点的に監視・評価すべき目標として設定したもの

Ⅰ あらゆる分野における女性の活躍（第１～５分野）

項目		現状	成果目標（期限）
国家公務員の女性登用	本省課室長相当職に占める女性の割合	3.5%（平成27年7月）	7%（平成32年度末）
	係長相当職（本省）に占める女性の割合	22.2%（平成27年7月）	30%（平成32年度末）
地方公務員の女性登用	都道府県（市町村）の本庁課長相当職に占める女性の割合	8.5%（14.5%）（平成27年）	15%（20%）（平成32年度末）
	都道府県（市町村）の本庁係長相当職に占める女性の割合	20.5%（31.6%）（平成27年）	30%（35%）（平成32年度末）
民間企業の女性登用	課長相当職に占める女性の割合	9.2%（平成26年）	15%（平成32年）
	係長相当職に占める女性の割合	16.2%（平成26年）	25%（平成32年）
25歳から44歳までの女性の就業率		70.8%（平成26年）	77%（平成32年）
週労働時間60時間以上の雇用者の割合		男性：12.9% 女性：2.8% （平成26年）	5.0%（平成32年）
男性の育児休業取得率	国家公務員	3.1%（平成26年度）	13%（平成32年）
	地方公務員	1.5%（平成25年度）	13%（平成32年）
	民間企業	2.3%（平成26年度）	13%（平成32年）

Ⅱ 安全・安心な暮らしの実現（第6～8分野）

項目	現状	成果目標（期限）
健康寿命（男女別）	男性：71.19歳 女性：74.21歳 （平成25年）	健康寿命を1歳以上延伸 男性：70.42歳→71.42歳 女性：73.62歳→74.62歳 （平成22年→平成32年）
行政が関与する性犯罪・性暴力被害者のためのワンストップ支援センター設置数	25か所（平成27年11月）	各都道府県に最低1か所（平成32年）
ハローワークによるひとり親家庭の親の正社員就職者数	38,774件（平成26年度）	前年度以上（毎年度）

Ⅲ 男女共同参画社会の実現に向けた基盤の整備（第9～12分野）

項目	現状	成果目標（期限）
「男女共同参画社会」という用語の周知度	男性：66.3% 女性：61.3% （平成24年）	男女とも100%（平成32年）
待機児童数	23,167人（平成27年4月）	解消をめざす（平成29年度末）
大学学部段階修了者の男女割合	男性：54.9% 女性：45.1% （平成25年）	男女の修了者割合の差を5ポイント縮める（平成32年）
都道府県防災会議の委員に占める女性の割合	13.2%（平成27年）	30%（平成32年）

Ⅳ 推進体制の整備・強化

項目	現状	成果目標（期限）
男女共同参画計画の策定率（市町村）	市区：97.0% 町村：52.6% （平成27年）	市区：100% 町村：70% （平成32年）

ルは、実際のところ内閣府以外でも、例えば大野市での施策であったり、福井県ＪＡグループでの取り組みであったり、どんなところでも役立つ、大切な宝です。

また、内閣府にいると、自然とすべての省庁と深い関係を持つようになり、省庁ごとのカラーの違いもよく分かってきます。よく言われるところだと、例えば経済産業省は、新しい分野や発想での取り組みが得意な「イノベーター」だが、他省庁の縄張りにも平然と入ってくる「荒らし屋」と言われることもある…などでしょうか。

そのように、組織的な個性（仕事の進め方など）が異なる省庁が、政策の分野を分担して所掌しているというのが、政府組織の仕組みです。これをいわゆる「縦割り」と言って非難する声が昔からあり

ますが、必ずしもことはそう単純ではないと、中に入って総合調整をした経験からは感じています。逆に、各省庁のカラーはバラバラですが、それを強みとして受け止めて、それぞれの得意分野での政策を生み出してもらうとともに、時にはけん制しつつバランスを保ち、時には連携して、うまくやっていく。これが理想の姿だと思いますし、そのためには組織の形をむやみにいじるのではなく、時の内閣が適切なリーダーシップを持って、使いこなすことが必要なのだと、現場にいて大いに学ばされました。

徹底的に鍛えられた10年　厳しくても充実した仕事生活

皆さんが想像される、国家公務員の働き方はどのような感じでしょうか。残業がものすごく長いという印象、あるいは定時でさっさと帰る働かない公務員という印象など、いろいろあるかと思います。

私の場合は、各省庁等への出向を含めて内閣府に本籍を置いていた期間は12年あり、そのうち海外留学と大野市への出向を除いた、霞が関で働いていた期間を振り返ると、定時で帰ることができた日はほとんどなかったように思います。いつも残業ばかりで、ひどい時期だと月の超過勤務が200時間超えの時もありましたね（こういうこと書くと本当はまずいのでしょうか…？）。

もちろん、このような働き方は正直申し上げて、サスティナブルではないと思います。でも、不思議とその時のことを思い出すと、残業が長かったからつらかった、という感覚はあまりないのです。仕事の中身のプレッシャーであったり、職場内での人間関係であったり、そういう意味での大変さはあったように思いますが、おそらく使命感と言いますか、やりがいが感じられる時期が多かったので、業務時間自体が心理的な負担にはなっていなかったのかもしれません。その中で、負担を負ってくれた家族をはじめとする多くの方々の助けもあり、たくさんのことを学ばせていただきました。役所での仕事は、やはりとても有意義でしたし、基本的には本当に楽しかったです。自分にとって、国家公務員は結構、天職に近い部分があるようにも感じていました。この12年間での経験は、確固たる自信として、自分の根底を支える糧になっています。

いま、霞が関でも離職率が高まっているということで、働き方改革が進められるべきという話が盛り上がっています。確かに自分も、特に子供が生まれてからは仕事と生活の調和、いわゆるワークライフバランスに苦戦する局面が多く、勤務の柔軟性向上や人事評価の在り方の見直しなども必要だと感じます。ただ、忙しいからやめる人が増えている、という単純なロジックで、本当に離職者が増えているかと言えばそれは疑問だと思います。どちらかと言えば、やりがいのある仕事になっているかどうか、そちらの方が現場で働いている人たちのモチベーションに関わってくると思います。

また、給与のこともよく言われます。確かに、同程度の学歴の人たちの中で分布を整理すれば、国家公務員はそれほど給与等の待遇はいい方とは言えないと思います。稼ごうと思えば、他の仕事を選ぶ方がよほど合理的でしょう。ただこれも、よく考えればいま職員として働いている人たちは、わざわざ公務員試験を受けて入ってくるわけですし、待遇のことも分かった上で選択しているると思うのです。しかも社会全体でみれば、それほど待遇が低いとも言い切れないのではということも感じます。私も、自分で会社を設立し、仕事がない時期も含め、自力で稼ぐ努力をした経験からすると、公務員時代にはしっかりと給与をもらえていてありがたかったなあ…と思ったりします。

このように書くと、仕事はやりがいがあって楽しく、とても勉強になり、また長時間勤務も待遇の水準も何とか許容範囲、となれば、私がなぜ内閣府を辞めたのか、という思いを持たれる読者の方もおられると思います（笑）。

確かに、私は内閣府が嫌になって辞めたというわけでは、正直なところありませんが、やはり、新しい挑戦をしてみたいという思いが強くなったからというのが、端的に言えばその理由になるとは思います。でも、その挑戦に踏み出そうという決心ができた根底には、内閣府でしっかりと育てていただき、自分の足で立てるかもしれないというところまで自信を持つことができたことが大きいのです。

実際、その後のソフトバンクグループでも、夢研・CWP、金沢大学、JAなどさまざまな仕事に関わらせていただく中でも、公務員時代に身につけたスキルや知識、経験が本当に役に立ち、とてもありがたいことでした。おそらく、私が大学卒業時点で、地域活性化にストレートに取り組むために、例えば起業したり、あるいは大学で研究者として残ろうと思ったりしても、自分の才覚では不十分でうまくいかなかったのではないか、といまとなって振り返ると思います。その時に自分が、一旦内閣府に入って色々と見聞きして勉強し、スキルを身につけようとしたことは正しかったような気がしています。

まだまだ未熟な私ではありますが、内閣府には、ここまで育てていただいたことに、感謝の気持ちしかありません。

霞が関の存在のあり方は変わる　民間主導の時代に何を担うべきかのか

内閣府に限らず、さまざまな省庁の先輩方の話を聞く中で、いつも感じていたことの一つに、昔の役所というのはすごく権力があったんだな…ということがありました。それは例えば、出張や視察に行った際の待遇であったり、外郭団体との関係性であったり、民間企業との距離感であったりなど、エピソードの中から感じられることが多々ありました。

おそらく、一般に国が発展してくれば、民間セクターの持つ存在感、経済力が発展し、国が直接すべきことが少なくなるのは当然なのだと思います。それは、霞が関の中から見れば、権力が奪われているというか、できることが減っている、影響力が低下している、などネガティブにとらえられる面も多いかと思いますが、国の発展の段階としては自然なことであり、ポジティブにとらえるべきことなのではないでしょうか。

ただ、だからと言って、国の役割が無くなるわけではなく、国が重要な役割を果たすべき分野はいくらでも存在します。

そもそも、なぜ行政という機能があるかというと、それは収益性・経済性が見込みにくいけれども、社会にとって不可欠なサービス等を提供するために、社会全体で（租税等の形で）負担し、「官」というよりも、いわゆる「公」の立場から実施する主体が必要不可欠であるからです。いまは行政という形をとっていますが、それは古くから、人々の助け合いであったり、村での「講」などの自治的な組織であったり、宗教団体であったり、多様な形で実践されてきた機能であり、近代国家の仕組みの中でその機能を担うものが、行政機構であるということです。

先ほども書いたように、現代社会は複雑化しており、課題への対応は多種多様なアプローチが求められます。その中では、行政でなければできないと思われるものも少なくありません。

例えば、GAFAM（ガーファム）に代表されるデジタルプラットフォームによる社会への影響を踏まえ、先進国ではそのサービスの規制を更に強化することが進められています。この延長線上には、生成AIをどう扱うかといった、更に最先端の課題が待っています。このようなことは、19世紀であれば工場労働者という新たな雇用形態の人々を守るための労働法の確立が政府によって行われたことで人々の暮らしが守られたことなど、過去の歴史の中で政府の役割として行われてきたことと同じです。どの時代になっても、政府でなければ対応できない課題は常に存在します。

また、現代の複雑な課題に対応するためには、産官学を含む多様な主体がつながり、それぞれのリソースをシェアしながら、連携して取り組んでいくことが求められます。そのような際に最もリーダーシップをとりやすいのは、中立的な立場で、利害を度外視した行動がとれる行政である場合が多いです。政策課題に取り組む際に、プロデューサー的な立ち位置で下支えしながら、社会のアクションを先導する役割が、霞が関には引き続き求められるはずです。

霞が関は、ここ数十年、様々なバッシングを受けてきました。そのことによって、組織や職員一人一人が委縮してしまった部分は少なからずありますが、それは国家にとっては損失だと思います。制度は日々改善され、もし法令違反等の問題があればそれは正さないといけませんが、ただやみくもに特定のセクターをたたき、世論のガス抜きをしてもそれは社会全体の首を絞めるだけです。建設的な視点から、どのように社会全体が力を合わせていくべきか、その中で霞が関が果たす役割は何か、考えていくことが大切ではないでしょうか。

第7章　人口減少の最前線　大野市での2年間で自分は何ができたのか

盆地にそびえたつ天空の城　長い伝統と風土が生みだした「力強さ」と「閉塞感」

2016年の春、福井県大野市へ出向という話を内閣府の人事課からもらった時、恥ずかしながら私は大野市どころか、福井県の位置と形すらわからない状況でした。慌ててグーグルマップで調べると、琵琶湖から北上したところに福井県があり、岐阜県との県境にある広大な山林の中にポツンとした平地が…ここが大野盆地であると知り、これはとんでもないところだな、とある意味ワクワクしたものです。

次に、慌てて福井県の歴史や、大野藩の歴史について書籍やウェブから色々と勉強しまして、地域が持つ歴史の深さ、奥行きに驚かされました。北海道においては、いわゆる和人の歴史は近世以降に限られ、学校で習う地域の歴史も主に明治の開拓以降の出来事ばかりです。地域の中に例えば、古墳があったり、建立何百年にもなる寺社仏閣があることもほとんどありません。つまり、北海道の中にいわゆる「大和（ヤマト）」的なものはほとんど感じられなかったのです。そういう環境で育った自分からすると、福井県というのは何といっても継体天皇の出身地であり、古くから大国として律令制度を支え、有力者が領国として各地をおさめてきました。まさにヤマトを象徴するような土地であるこの福井県に自分が住むのかと思うと、身の引き締まる思いでした。

大野に来てみて、まず驚いたのは、まちの雰囲気があまりにも静かなことでした。中世の空気がそのまま残っているのではないか…と思わんばかりの落ち着きは、古き良き日本を残しているという素晴らしさと、ある意味での保守性や閉塞感につながっているという難しさの両面が、このまちにはあるということを伝えてくれました。もっとも、私自身も北海道の雪深い田舎から出てきて、雪に閉ざされて静寂に包まれた冬を愛している人間ですので、この大野の静けさは大変居心地がよく、大野というまちに一気に親近感を持ちました。

他方で、当時は「天空の城」によるプロモーションがまさに軌道に乗ってきて、大野の知名度が上がってきたところでしたし、市の施策全般にわたって、対外発信や新政策の推進など、前向きな勢いがとても感じられました。「大野市民憲章」にうたわれているとおり、幕末の大野藩の軍制改革や洋学推進、財政改革などの先進性に象徴される「進取の気性」と、雪国特有の「粘り強さ」こそが大野人のアイデンティティであり、誇りであるということも、さまざまな取り組みを進める中で強く感じられたことでした。

また、大野に住んでいる方々からは、不思議と「生きる力」とでも言いましょうか、何か自分の足で立っているような「力強さ」を感じることが多かったです。大きな会社や組織、資本に寄らずとも自らの力で生きていくような、何か覚悟のようなものが大野の皆さんからは感じられたのかもしれません。自分は大学を出てからずっと、役所という大きな組織の中で過ごしてきましたので、そのギャップはとても大きく感じられ、自分もこんな風に強くなってみたいなと、ある意味憧れのような気持ちを抱いていたものです。

ただ、そのような中でも、やはり閉塞感といいますか、ある意味では諦め、なのかもしれませんが、そういう空気（あるいは思い込み）がまちの中にあることも事実でした。何より、よそ者を見る目線が猛烈にきつい。弥生時代から稲作文化により豊かな暮らしをはぐくんできたこの土地において、「変化」であったり、あるいは「流動性」のような言葉をポジティブに生かすことはなかなか難しいのもわかります。しかし、時代が変わっていくことを止めることはできません。この大野というまちを守っていくためにも、新しいことに日々取り組んでいかなければなりません。それを、市役所の立場から進めていく、そのためのある意味で「サンドバッグ」となることが、自分に課せられたミッションだと、その時は思っておりました。

よそ者として政策を主導するということ　とにかくもがき、職員を信じてともに戦う

副市長というおよそ望むべくもなかった高いポジションで出向させていただき、ではどんな仕事をしようかと思い着任したものの、まずぶち当たったのは、そもそも何も情報が無いということでした。私が着任した際には、市役所生え抜きの副市長が一人いて、二人目のポストを新設して私を呼んでいただいたということで、市役所組織の中から見れば、この新しい副市長に何の業務をさせるのか、おそらく何も決まっていなかったと思うのです。なので着任してから、各課室の業務説明のようなこともありませんでしたし、決裁も自分のところを通過しないものばかりで、一日何もすることが無いような日もありました。

でもそれは、別に誰かが嫌がらせをしようとしているとか、そんな話ではなく、純粋に何もこれまで無かったからということだけなのでした。なので、自分から動いて何か居場所を作らない

といけないなと思い、まずは市長と副市長に相談して、自分担当の政策担当秘書（補佐官）を置いてもらいました。そうすることで、庁内のいろいろな動きの情報をつかんだり、必要な案件について事前に調整などしてもらった上で議論をすることができたり、わからないことを教えてもらったりと、まさに二人三脚で取り組みを進めることができました。

更に2年目に入るに当たっては、組織を改編し、庁内の政策案件を一元的に調整することを担当事務とする「政策局」を設置して、私自身がその局長を兼任することとしました。政策局の所属職員は少数に限定し、小回りの利く組織とした上で、私と一緒になって、新しい企画を担当部署と一緒に進めてもらったり、異なる部署間での政策面での連携調整を行ってもらったりなど、大きな力を発揮してもらいました。

このように、待つだけではなく、自分から動いて周りを変えていき、それをきちんと制度・組織に落とし込むことによって、職員の皆さんにも動きやすい環境を作り、自分がその中できちんと居場所を作って政策の推進に取り組むという経験は、その後の独立した後の案件のコーディネートや一般社団法人の組織設計などにも大いに役立つ、大切な財産となりました。

この時にとても意識したのは、これは自分の個性だと思うのでこれが最善というつもりはないのですが、いわゆるスタンドプレーに走るのではなく、きちんと既存のルールや文化を踏まえ

職員と打ち合わせする今副市長（中央）。30分以内で終わらせるため、机の置き時計は必須アイテムだ＝大野市役所

地方創生に官僚の知恵

県内派遣 3人に聞く

政策立案、予算獲得に力

地方創生をバックアップしようと、国は人材支援制度を設けて国家公務員らを全国に派遣している。福井県にはこれまで、３人が鯖江市と大野市、越前市に着任した。官僚の〝頭脳〟は地方を変えられるのか。三者三様の現場を追った。（坂下享）

「フォーカス 福井 focus」

■働き方改革から

「打ち合わせは原則30分以内」。内閣府から大野市に派遣された今洋佑副市長(34)の執務室には、こんな張り紙がある。昨年5月の着任以降、今副市長は徹底的に「働き方改革」を進めた。午後8時までに仕事を終える「8時だよ！　全員退庁」などを次々提案した。自ら企画書をつくることも多い行動派だ。

働き方改革から取りかかったのには理由がある。「職員がイベントに追われていたのと、地域の一員としても貴重な戦力になってほしいから」だ。職員にゆとりを持ってもらうことが、最終的には地方創生になると信じている。

２年目は外への展開を主眼に置く。東南アジアの島国、東ティモールの水環境整備の支援を進める「水への恩返し」プロジェクトに力を入れる。国際貢献のようだが、「名水」「結《ゆい》」といった大野のブランドと関連付け、その魅力を磨くことで社会に貢献する気概のある人材を呼び込み、企業とのコラボレーションにつなげる。「今の若者にはこういう取り組みの方が心に刺さる」との見立てだ。

大野貴也
越前市統括官

三上裕介
鯖江市統括理事

■自慢を聞き取り

経済産業省出身で、越前市に今年5月に着任した大野貴也統括官(45)は「地方創生は地域の宝をいかに発信するかが鍵。東京一極集中の是正に向け、狙いを明確にする必要がある」と力を込める。

前任の近畿経済産業局では、商店街振興などの実務を担った。越前市は、他の市町と同じく中心市街地活性化が待ったなしで、火災からの復興も重要テーマ。スピード感を気にしつつも、腰を据えて各部署に「越前市が自慢できること」の聞き取りをしている。自慢度ごとに分類し、政策展開に活用する計画だ。

■調整役に徹する

ＪＫ課やアイドルとのコラボレーションなどユニークな施策が多い鯖江市で働くのは、財務省から派遣された三上裕介統括理事(32)。２年前に着任し、今月末で任期を終える。「もう少し自分から事業を仕掛けても良かった」との後悔もあるが、提案のあったアイデアを実行する裏打ちとなる財源を求め、国との〝泥臭い〟折衝役に徹した。「地方創生関連の交付金獲得率は県内随一」と胸を張る。

市総合戦略の策定で発揮した調整力も評価が高い。齋藤邦彦・めがねのまちさばえ戦略室長は「朝早くから夜遅くまで頑張っていた」と話す。

政策立案から予算獲得を目指す地方自治体の仕事は、予算を振り分ける財務省の業務とは正反対だった。「地方のことを考えられる官僚が、一人でも増えることが一番の地方創生」だと思っている。

地方創生人材支援制度　地方創生に積極的に取り組む市町村に対し、国家公務員や民間人材を市町村長の補佐役として派遣する制度。常勤職員の場合、任期は原則2年。２０１５年度に始まり、累計１２３人が派遣された。

取材ノート　同じ目線で建設的議論から

「地方創生」の旗が振られて3年になろうとしているが、言葉が一人歩きしている感じがする。取材をしていて「東京からヒト・モノ・カネを奪い返すこと」が地方創生なのかと思うこともある。

今回取材した3人は、地方を良くしたいとの純粋な思いから、自治体に志願してやってきた人材だ。国と地方の公務員の垣根を越え、派遣先に新たな風を吹かせている。

こうした対等な関係性こそが、地方創生の第一歩だと感じる。国と地方、都会と田舎の綱引きより、同じ目線で建設的な議論から始める方が得るものは多い。３人には本当の意味で、国と地方とをつなぐ懸け橋になってほしい。

大野市の今副市長の言葉を借りれば、「地方創生の本質は、一人一人の人間としてのエンパワーメント」。東京一極集中は裏を返せば「東京任せ」でもあったはずだ。地方に暮らすわれわれもまた、都会の人に負けない力をつけなければならない。（坂下）

（2017年6月27日付 福井新聞）

つつ皆さんを巻き込んでいこう、ということでした。

例えば、よく若手の幹部などが外部から来た際に、若くて柔軟なアイディアを求めるという観点から、若手での改革チームを組織横断的に（既存の組織とは切り離して）結成して、改革を進めるという話があると思います。確かにいい面もあると思いますが、自分はこういうことはせずに、組織として「政策局」を立てて、ベテランの課長にどっしりと座っていただき、かっちりした運営をしていただくという方針をとりました。

その理由として、まずやはり、責任の所在という面が挙げられます。若手の改革チームが何か提言を出したとしても、推進するのは結局担当の部署になりますし、そうでなければ行政としての責任の所在があいまいになります。ここで「副市長案件だから」といって押し切ることはできなくもないですが、そうしていくとだんだんと「浮いて」しまい、結局はいつの間にかなかったことになる、これが組織というものの力学です。その場合には、参画している若手も結局は体よく使われただけになるというか、徒労感も残りますし、組織に貢献しようという思いが傷ついてしまいます。

また、第4章でも述べましたが、そもそも新しいことを進めたい前向きの人材、というものがあったとして、それは年齢に関係あるでしょうか。確かに、組織の中でしかるべきポジションについているのは一般的には年配の職員であることが多いですし、いろいろな経験や人間関係の中で新しい取り組みに踏み出せないことも多いと思います。でも、本来、新しいことにチャレンジしようとする、あるいは前向きに何かを改善しようとする人材に、年齢による差は無いと私は思っています。現に大野市役所でも、部長でも課長でも、もちろん係長でも係員でも、たくさんの方々が一緒になって新しいことにチャレンジしてくれましたし、私以上に前向きなエネルギーを発揮されている方もたくさんいました。

特に大野のような人口減少に悩まされている自治体では、本当の意味での全員野球でなければ、地域を支えていくことはできません。私はそういう観点から、職員の皆さん一人一人と真剣に向き合って、信じてともに戦っていこうと決めました。その覚悟ができてから、自分が何かを始めようとして難しい場面になったりしても、全然怖くなくなりました。自分がひたすらもがいて、たくさん失敗したりしたわけですが、それはカッコ悪く見えるとしても、そのことにより色々と環境が変わり、物事が進み、職員の皆さんがそれによって動きやすくなったり、新しい可能性が出てくるのであれば、大野市のためになります。最初の頃は、自分自身がある意味でスターにならないといけないのでは、と勘違いしていましたが、それは自分のエゴであって、市のためにどこまで身をなげうって働くことができるか、それが大事なことだと気付かされました。

自治体は大変　新しいチャレンジ、市民への気遣い、財源不足…そして働き方改革へ

着任してすぐに気付いたことは、とにかく市役所の皆さんが忙しいことでした。平日ももちろん遅くまで残る方は多いですし、それに加えて土日のイベント対応や市民サービスの当番、家に帰っても地区（いわゆるムラ）の業務などもあって、これでは確かに新しいことはそう簡単にはできないだろうなと感じられました。

一般に、公務員は定時で帰れるし、待遇は良いし…という色眼鏡で見られることが少なくないと思います。確かに部署によって、あるいは人によって、ばらつきはあります。でも総体で見れば、地方公務員の仕事、特に基礎自治体と呼ばれる、市民と直接に向き合う市町村の仕事は、決して楽なものではありません。時間の拘束や業務量だけではなく、市民と直で向き合うことの責任の重さ、首長や市議会との距離の近さ、小回りの利くサイズの自治体だからこそ求められるスピード感や結果責任など、霞が関とはまた異なった大変さがあることを知りました。

そうはいっても、時代は人口減少社会です。粛々と定常業務だけをこなすようなことは、自治体には許されません。でもこのような忙しい環境の中で、果たして新しい取り組みを生み出し、持続可能な形で進めていくことができるでしょうか。これが民間企業でしたら、では新しい部署

を増やして専門家を採用して…とすぐできるかもしれません。しかし、国も地方もそうですが、公務員組織には行政効率化という足かせがあり、いわゆる「スクラップアンドビルド」という仕組みがあるのですが、何か新しい組織や予算を作るには、その代わり何かを廃止しないといけないという縛りがあります。また、組織の定員総数は、基本的に年々減少させないといけない、という謎の圧力も存在しています。

しかし、現状はどうでしょうか。人口減少＋高齢化ということは、これまで地域の支え合いで行ってきたようなこともできなくなって、行政が肩代わりしないといけないことが増えてきます。また、民間サービスでカバーするといっても、最低限のマーケットが無ければ経済的にペイしないでしょうから、結局持続できずに行政が肩代わりすることも多いです。そうすると、行政の仕事は増えるが、域内の総人口は減るので職員は減らすのが当然と言われれば、行政の手が回らなくなり、結局困るのは住民なのです。それを何とかしようとすれば、当然職場のブラック化ということになってしまいます。

そのような行政への過度な効率化圧力が根本の問題であるということは、とても大きな政策的課題であり、問題提起はできたとしても、すぐに自分の小さい力でどうにかできる問題ではありません。でも、いま現場は困っているのでどうすればいいのか、と考えたときに始めたのが、働き方改革でした。

当時は、ちょうど働き方改革や、ワークライフバランスといった言葉が政府から発信され始めた時期でした。自分も、直前に所属していた内閣府において、男女共同参画基本計画の中に働き方改革の要素を盛り込むべく、内閣人事局や厚生労働省、経済産業省はもちろんの事、経団連や連合などの団体とも交渉・調整しながら、法令面や運用面での取り組みを作る立場にありましたので、大野市役所という現場に来たこのタイミングこそが、自分のこれまでやってきた政策を実践するまたとない機会だったのです。


そこで市役所内で、「8時だよ 全員退庁」と銘打った、働き方改革の取り組みを始めたのでした(ちなみに、この素敵な名前を作ったのは私ではなく、当時副市長秘書として活躍してくれていた林順和さん(現・大野市議会議員)です)。この働き方改革を1年半ほど実施した結果として、最終的には市役所全体の超過勤務時間を3割以上削減するという、大きな成果を得ることができました。

進め方としては、はじめはまずパイロット的に、特に残業が多そうないくつかの部署を選定して、課の中で話し合ってもらい、残業を減らすために必要なアイディアを生み出し、実践してもらいました。その中で成果が上がった課を表彰するとともに、いいアイディアを集めて、今度は

「８時だよ！ 全員退庁」

目標定め効率アップ

大野市役所取り組み

長時間労働の是正など「働き方改革」が叫ばれる中、大野市は１月から一部の部署で「８時だよ！ 全員退庁」と銘打った取り組みを進めている。仕事の効率化を図るとともに、退庁時刻の目標を午後８時に設定。職員からは「職場の雰囲気が変わった」「家族と過ごせる時間が増えた」との声が聞かれる。（梶田琴理）

地域参加も後押し

取り組んでいるのは企画財政課、商工観光振興課、湧水再生対策室、道の駅推進室に所属する計約40人。いずれも比較的残業が多くなりがちな部署だ。

８時までに退庁するよう管理職が促し、やむを得ず８時以降も残業する職員には夕方の終礼時に理由や帰宅予定時間を申告させている。

企画財政課では８時前になると、帰り支度を始める職員が増える。「業務の棚卸しをして、時間短縮できた部分もある。早く帰ろうとするのはよく考えたら当たり前のこと」。加藤洋美企画主査(48)は話す。

道の駅推進室の田中治樹主査(35)は「今は繁忙期でないということもあるが、８時までに帰れている。５歳の子どもとご飯を食べたりお風呂に入ったりできる日が増えた」と喜ぶ。

一方「時間を意識してはいても、現実的に難しい」との声も。企画財政課結《ゆい》の故郷《くに》推進室の吉田克弥室長(49)は「８時退庁の目標があることで職員が精神的にきつくならないよう目配りしないと」と指摘する。

１月以降毎月、８時以降に残っていた人数や時間数を取りまとめて効果や課題を検証していく。３月まで試行的に続け、４月から全庁に広げることを目標としている。

提案者の今洋佑副市長は「会議や決裁、国や県とのやりとりなど、軽減・廃止できるものがあるはず。市民サービスを低下させることなく、やるべきことを見極める必要がある」と強調。職員の意識は変わりつつあるといい、「心身両面の健康増進や、地域活動への積極的な参加につながれば」と期待を込めている。

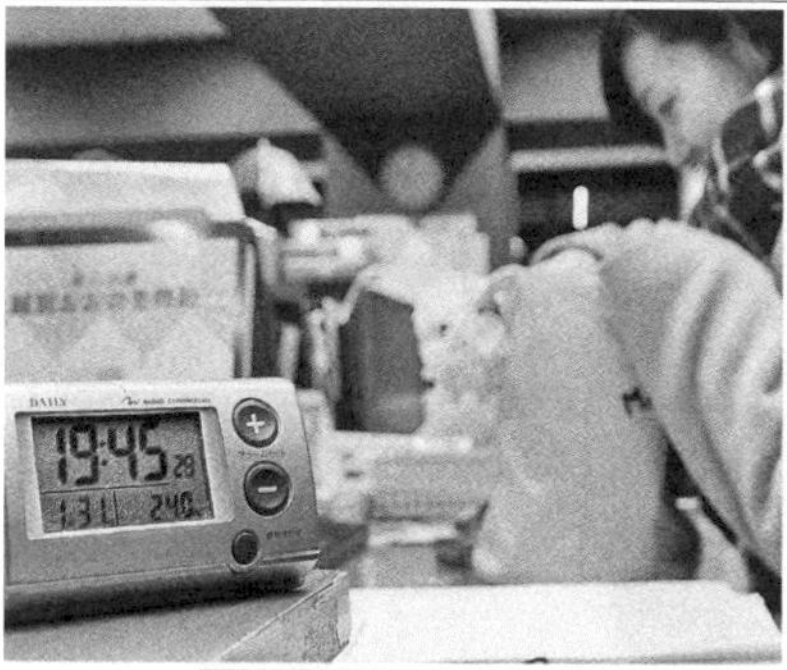

午後８時を前に帰り支度をする職員＝１月、大野市役所

（2017年2月4日付 福井新聞）

すべての役所内の課室に広げて実践してもらうという、段階的な取り組みにすることで、職員の方々にもスムーズに参加してもらえるように工夫しました。最終的には、若手職員が自主的に「働き方改革推進チーム」を結成し、独自にさまざまな工夫を考えてくれて、役所内での実践を促すという動きにもつながり、意識改革という面でも大きな成果を挙げることができました。

また、こうしたいわゆるボトムアップの取り組みだけではなく、各課室で担当している会議をリストアップしてもらい、私が自らヒアリングして廃止するものを選定するなど、トップダウンによる決定も合わせて行うことにより、取り組みに推進力と実効性を持たせました。この働き方改革を通じて、私は地方の自治体におけるリアルというものを、深く学ばせていただくことができました。

結局、大野のために送り込まれたはずなのに、育ててもらったのは自分だった

大野市にいた2年間、地域活性化・人口減少対策として、本当にさまざまなことをさせていただきました。第2章で紹介した、水への恩返し Carrying Water Project（ＣＷＰ）の取り組みはその代表ですが、それ以外にも例えば、いまでも続いている「わたしが未来の市長」プロジェクト

「大野に猟師の専門学校」

市未来像 最優秀の奥越明成高生

地方創生相にアイデア披露

梶山地方創生担当相（左）に大野の未来像についてアイデアを披露する奥越明成高の生徒たち＝26日、内閣府

大野市の奥越明成高3年の4人が26日、内閣府で梶山弘志地方創生担当相に会い、同市の「わたしが未来の市長」プロジェクトで最優秀賞を取ったアイデアを披露した。生徒たちは「大野に猟師の専門学校を新設し人材を育て、ジビエという観光資源で人が集まるまちにする」と提案した。

　プロジェクトは、若者に大野の未来像へのアイデアを発表してもらおうと初めて企画され、市内の中高生約350人が参加。今春から校内での授業や現場調査、グループワークなどを通じてアイデアを練り、11月に発表会を開いた。高校生の部で、奥越明成の林直希さん、前田空《くう》皇さん、吉岡直之さん、米村宙都《ひろと》さんのチームが最優秀提案に決まり、副賞の研修旅行で上京した。

　梶山担当相との面会では、猟銃免許保持者が減り鳥獣被害が深刻化している現状を踏まえ、林さんは「狩猟のノウハウが優れる大野で、猟友会とは違うハンター協会を設立し、専門学校で猟師を育成する。ジビエ料理を流通させると、移住・交流人口も増えると思う」と強調した。

　梶山担当相は「すばらしいアイデア。フランス料理にはジビエを使ったものが多いので、シェフを招き連携したら」とアドバイス。「将来の大野を支えていけるよう頑張ってほしい。若者の目線でいろんな課題や提案を市長に言ってほしい」とエールを送ったという。

（五十嵐靖尚）

（2017年12月27日付 福井新聞）

もその一つです。このプロジェクトは、実際には職員からの政策提案の中から出てきたアイディアでして、それを政策局で引き取りつつ、庁内の各部署と連携して実現させたものでした。このように、しっかりとチームプレーで実現できた施策は、一瞬の打ち上げ花火ではなく、その後もしっかりと残る政策になったものが多いように感じます。

また、具体的な施策の実施だけではなく、例えば議会での答弁などの市議会対応、地域での行事等への参加、各所での講演など、さまざまな活動を通じ、大きく視野を広げることができました。特に議会対応は、いままで内閣府では答弁の案を作って政務に使ってもらうという仕事だったわけですが、それが自分が本会議で答弁する立場に立って、どのような答弁が良いかということをこれまで以上に真剣に考えることとなりました。

答弁を行うということは、ただその場の議会での議論をやり過ごせばいいというものではありません。議会での答弁は市の姿勢そのものであり、話した内容は責任をもってやり遂げなければなりません。ですので、言えないことはやはり言えないですし、言うからには、もしそれがまだ庁内でのコンセンサスを得ていないとしても、やりきるというのが特別職としての責任です。そういう観点で、行政的な発言と、ある意味政治的な発言を区別しながら、自分が何を発言すべきかを常に考えるという作業は、とても刺激的でした。

市民の方々と一緒にお話をさせていただく機会も、自分にとっては本当に貴重な体験でした。皆さんの大野への愛情、また実際の暮らしにおけるご苦労、地域の未来への期待と不安などのリアルな声をダイレクトにいただくこととなります。これも、各省間の調整や政策の企画立案が主業務である内閣府では、まず体験することができない重い経験です。施策を実施する中で、連携協定を結んでいた電通関西の皆さんをはじめ、たくさんの市内外の企業や団体の皆さんともご一緒させていただきました。そんなたくさんの方々との出会いの中で、霞が関の世界は意外と狭いんじゃないか、もっと広い世界があるならばそこに踏み出してみたいという思いが高まり、のちに独立することにつながってきたように思っています。

そして何より、当時の岡田高大市長の存在が、私にとっての道しるべとなりました。市長が大野のために全身全霊をなげうっている様には、まさに頭が垂れる思いでしたし、その発想力と突破力、その一方での繊細なお気遣いなど、地域を支えるリーダーとはこのような方でなければならないのか、と感銘を受けることばかりでした。

たくさんのことが印象に残っているのですが、ここではエピソードを一つ紹介させていただきます。ある出張で東京まで出ることとなり、別件だったのですが日程がたまたま重なり、市長と私が同じ新幹線で東京に移動することがありました。その時、東京駅について構内を歩いていたところ、ベビーカーを抱えた女性がちょっと荷物が重くて坂を下りられず大変そうな場面に遭遇しました。その瞬間に、これからの公務の準備で大変なはずの市長が、何のためらいもなくサッと女性のところに行って、「大変ですね」のような言葉を大野弁で言いながら、サッと荷物を持ってベビーカーを運び、そのまま風のように立ち去ったということがありました。

3期目を迎え脂の乗り切った有力政治家である市長が、自然体でふるまっているその姿勢を見て、人間やはり勘違いをしてはいけない、どんなに偉くなっても人として当たり前のことができて初めて、人の役に立つ仕事ができるものなのだ、と私はその時心に刻みましたし、そういう尊敬できるリーダーの下で、自分もできることを全力で取り組まなければと改めて覚悟した瞬間でした。

そんなたくさんの経験をさせていただき、私自身はこの2年間で何やら生まれ変わったかのように、自分を成長させていただいたと強く感じています。ただ一方で、この2年間で私が何か画期的なことを成し遂げたなどということは実際のところ全然なく、大野の人口減少を止められたわけでもないですし、観光入込客数を飛躍的に伸ばしたわけでも、企業誘致に成功したわけでも、市の収入を増やしたわけでもありません。

これまで、大学時代からずっと長い間抱いてきた、地域活性化への思いをぶつけるかのように、全力で取り組んだ2年間でしたが、結局、まだまだ私は力不足だったのだと思います。そして、全力を出し切ったということで、自分の中が空っぽになったような感覚もありました。大野での2年間を踏まえ、地域活性化のために何ができるのか、改めて考えることが、私にとって不可欠となりました。

それが、転職や起業という、自分にとってのターニングポイントにつながってきます。また、この時に抱いた深い大野愛が、独立後の活動の中で、福井・大野をメインフィールドとした活動を展開していることの根源になっていることは、間違いありません。

第8章　官から民へ　社会の波間で垣間見た、ビジネスの最先端

大野市からの帰還、そこで感じたこれまでにない感覚

2018年の3月いっぱいで、大野市での任期を終えて内閣府に戻りました。この時は子供がまだ小さくて、国会対応で深夜まで残るような職場では両立が難しかったことから、例えば早朝勤務で夕方保育園の迎えに行くなど、割と自律的に時間を決められる部署においてほしい、と人事課にお願いしたところ、消費者庁の事故調査室というところに配属していただきました。

この事故調査室は、消費者庁に置かれている「消費者安全調査委員会」という審議会の事務局を務めるところです。消費者安全調査委員会は、普通の審議会とは若干異なる組織でして、各省庁から（置かれているはずの消費者庁からも）半分独立した立ち位置で、消費者事故について調査し、消費者庁を含む各省庁に独自の判断で勧告を出す権限を有しています。

そもそも、消費者庁という役所自体が、福田康夫政権の時に設計された新しい組織です。当時は、毒入りギョーザ事件や、シンドラーエレベーターによる痛ましい事故など、消費者が予想もしない形で被害を受ける事故が起きて社会問題化しましたが、他方でこのような際に消費者側に立って事故を扱い、原因の究明や業界への指導・監督などを所掌する役所は意外にも直接的には存在せず、例えば経産省や厚労省、農水省など業界側を所管する役所はありましたが、消費者事故が起こるとそれがある意味で、各省庁のはざまに落ちて誰も拾わない、法の穴があるのではとの議論が巻き起こりました。そのため、消費者安全法などの新しい法律体系が整備され、それを所管する省庁として、内閣府の外局に置かれたのが消費者庁です。

このような新しい組織でしたので、事故調査室での仕事は新鮮なことが多く、役所として十分に整備されていない混沌とした側面もありましたが、とても刺激的な業務内容でもありました。室には民間で長く経験を積まれた技術者やビジネスパーソン、弁護士の方も多く所属されていて、霞が関で育った人間だけでのある意味画一的な文化には染まらない、自由な議論が展開できる土壌がありました。また、各省とのパワーバランスは常に新しい組織である消費者庁には不利ではありましたが、その間をかいくぐって戦いを繰り広げるのは、男女共同参画基本計画の策定時に各省との戦いに明け暮れた日々を思い出しつつ、更に一歩進んだ挑戦ができる楽しさもありました。

ただ、一年ほど業務に打ち込む中で、やはり何と言いますか、物足りなさが心から離れなかったのも事実でした。その物足りなさの原因は、たくさんあったと思うのですが、根底にあったのは大学時代からの、地域活性化に向けた思いでした。内閣府に入るときから、社会のさまざまな側面を勉強して、いずれは地域の活性化に向けた仕事に直接関わりたいと思っていましたが、それが予想もしない形とタイミングで、大野市の副市長というまたとない立場で一瞬叶ってしまった。その経験はやはり、自分の中で強烈に残りました。

それは、副市長という望外の立場だったからというよりも、そこでの仕事がまさに、人口減少に直面した地域を背負い、何かをすることができるし、しなければならないものであったこと、そこでのやりがいや、ヒリヒリとした緊張感など、自分がしたいと思っていた中身そのものだったし、だからこそ自分も本当に全力を出し切っていたという実感もありました。

また、これまで内閣府などでやってきた仕事は、各省庁間や各種団体、有識者等との企画調整が主でした。それはとても重圧がある、責任が伴う仕事でしたし、例えば総理秘書官からの指示で局内が大騒ぎになるような、あのプレッシャーは忘れることができません。一方で、市役所で地域のために仕事をするとなると、社会のさまざまな立場の方々と直接・間接に接し、物事を進めていくことになります。この多様性、これが本当に楽しかったのだと、霞が関に帰ってみて気付かされました。
そういう、地域活性化に直接かかわる仕事を、自分が楽しめる形で経験してしまった以上、そういう世界にどんどんと足を踏み入れて、新しい経験を積んで、新しい人の輪を作り、新しい取り組みを作り上げていきたい。そういう、一言で言えば好奇心のような思いを、抑えることが難しくなっていました。

もちろん、これまでいた霞が関という世界にもやりがいがあり、愛着もあり、そこでの仕事に誇りを持っていたことも事実です。退職と言葉では簡単に言えますが、それはリアルに考えれば、霞が関という強力な組織を離れるということですから、自分の足で歩くという覚悟を求められます。

それでもなお、第6章で述べたようなさまざまな背景、霞が関への考え方の変化もあり、決断するのはこのタイミングなのではないか、と考えるようになりました。そこには、イギリス留学時の体験や大野市での経験の中で、自立への憧れが芽生えていたのと、大野の皆さんに何と言いますか、大人にしてもらったことが、大きかったように思います。

加えて、公的な活動を担う主体が広がってきているという感覚を持つようになったことも、大きかったです。ソーシャルビジネスとか、社会起業家とか、いわゆる公のために活動することを目的とする主体は官民問わず広がっていますし、SDGsが一般化し、ビジネスにおいて社会貢献の側面を無視できない空気が醸成されています。

私がそのような概念を初めて明示的に意識したのは、2009年頃に内閣府が打ち出した政策である、「新しい公共」という概念です。いまから15年ほど前に提唱された概念ですが、まさにいまの社会の流れを言い当てている内容だと思います。要点としては、「官が独占していた領域を『新しい公共』に開き、国民に選択肢を提供」することとし、そこには国民一人一人やNGOなどの団体、企業や市場などの経済主体が幅広く参画して、それぞれの立場から公共に貢献する、ということです。まさにいまの社会潮流そのものです。

これを見たときから、自分は、役所を出ても公共のため、社会のために活動することはできるんだと思ってきました。今回、役所を辞めて活動すると決断するに当たって、この考え方や社会の流れが、自分にとって大きな理念的な心の支えとなりました。

このように、たくさんの苦労と達成があり、社会人として育てていただいた内閣府を辞めるという決断には、さまざまな要素が複雑に絡んでいて、今でもとても一言では言い表せません。ただ、突き詰めて考えて、当時の気持ちを振り返るならば、やはり、新しい世界に出て、自分の足で歩きたいという気持ちがすべてかもしれません。

例えば、旅をするように人と出会い、仲間を増やし、知見を広げ、取り組みを生み出し、地域を活性化し、社会を形作る。変化が必要な時は改革し、大切なものはしっかりと守る。それを自分の思う価値観で行うならば、まずは旗揚げをして、自分の進む道をはっきりと示すべきではないか。

マネジメントの父と呼ばれる経営学者、ピーター・ドラッカーも「変化はコントロールできない。できるのはその先頭に立つだけである。」と言っています。それを実践する時が来たのです。

そう思って、私は2019年5月に、お世話になった内閣府を辞職したのでした。

霞が関の「天敵」の下へ　そこは全くの別天地

このような考えで行動した私としては、役所を辞めるということと、自分の会社を立ち上げるということは、まさに表裏一体の決断でした。ただ、自分にはどうしても民間での経験が足りない。あまりにも無知で弱々しい人材であることは、自分でもわかっていました。なのでまずは、大企業での勤務経験を積み、新しい知見を獲得することにしたのです。

転職活動を始めると、官僚出身者はたいていショックを受けると言われています。それは自己評価が高すぎること、つまり思っていたようなオファーが来ないことが多いということです。私もその例に漏れず、なかなかいいお話をいただくのは難しいのだな…と思いながら、自分の物差しを世間に合わせるという社会勉強に必死でした。

私の場合は、独立に向けた知見の習得がしたかったので、なるべく霞が関とは文化が異なる企業で、どちらかというとスタートアップの気風を残したギラギラの若い企業がいいかな、と思っていました。他方で、一般的な官僚が持つスキルセットは役所での知見ですので、直接的にビジネス活動に使えるものは正直なところ少なく、どうしても役所との関係の調整や、CSR部門などの直接的な損益を問われないような活動を担当するような部署に置かれることが多いです。それはそれで、生かしてもらえるところがあるのはとてもありがたいことですし、他にも、例えばコンサルティングやシンクタンクなどの業種ではそれなりにニーズがあることもわかっていましたが、もう少し実業寄りと言いますか、実際にモノを売るとか、稼ぐとかの感触をより直接的に体験できるような業種・部署がいいなと思い、この難しいバランスを何とか取れないものかと意識して、職探しを続けていました。

それで、運よく拾っていただけたのが、ソフトバンクグループ株式会社でした。日本中の方がご存じの会社だと思いますが、孫正義さんが築き上げたソフトバンク財閥の総元締となる持ち株会社です。孫さんと言えば、まさに霞が関の仇敵として名をはせている存在で、もはや伝説となっていますが、携帯電話事業に乗り出した際に、電波の免許の関係で新参入のソフトバンクに対して厳しい姿勢をとられた総務省の担当課長のところに乗り込んでいって激論を交わしたのは有名な話です。なので、自分が役所を辞める時に、当時の直属の上司であった消費者庁の審議官のところに挨拶に行った際、「どこに行くんだ、コンサルか」と言われ、「ソフトバンクグループです」と答えたところ、その審議官が絶句されたことをよく覚えています。

それほど霞が関とは遠いところにある会社ですから、自分でもやっていけるかは正直自信がなく、半ば賭けのようなところもありました。でも結果的には、約1年半という短い期間の在籍ではありましたが、本当に貴重な勉強をさせていただくことができ、当時の上司や同僚の皆さんには心から感謝しています。

縦割りが懐かしくなるほどの貪欲さ　強いものが勝つアニマルスピリット

会社では、社長直属の組織で「CEOプロジェクト室」というところがあり、そこでいろいろとやっていました。内容について詳細を書くことはできないですが、役所とは違う民間のやり方や、もしかしたらソフトバンクならではの企業文化もあったかもしれず、あらゆる局面が刺激的で、まさに価値観をひっくり返されるような経験も日常茶飯事でした。

例えば、役所では所掌事務がはっきりと決まっていて、業務が重複しないように組織や規則を作っていくのが一般的ですが、ソフトバンクではグループ内で同じような仕事をあちこちのチームが独自に並行して取り組んでいて、うまくいったところがその案件を進めていく、ということを知りました。ビジネス用語で「カニバる」(共食い)という言葉がありますが、ソフトバンクの人間はカニバることをなんとも思っていないのですよね。非効率なのでグループ内でどこが担当となるか決めればいいのに、と最初は思いましたが、そうではないのだ、ここで競争原理で勝ち抜いたチームが一番その取り組みで価値を生み出せるのだ、ということに気づきました。

これをお読みになって、「そんなの当たり前じゃないか」とお感じになる方も多いと思います。

が、これが役所と民間の意識の違いなんですね。こういうところを一つ一つ勉強していって、独立したときに野垂れ死にしないように自分を鍛えるというのが、まさに自分で自分に課したミッションでした。

他にも、やはりソフトバンクの特徴と言えば、その圧倒的なスピード感です。孫さんが突然ツイートして、何か新しい取り組みが始まるのですが、幹部含め誰もそのことを聞かされておらず、ツイートの真意もわからないのです。が、次の日には政府幹部や外資大手社長との打合せがセットされていて、何かが始まってしまう、ということも実際にありました。確かに内閣府でも、総理指示が出て政府が急に動き出すということもありましたが、少なくとも担当となるような部署にはある程度の頭出しが、幹部レベルでは行われていたはずです。これほどの規模の企業グループで、このリーダーシップをとれてしまうのは、もちろん創業者の強さでもあるでしょうし、会社のメンバーも鍛えられていてそれを平然とこなしてしまうというところも、よく考えると恐ろしいことです。

新型コロナ対応　官民の垣根を越えた社会正義の実践、官と民の違いとは

中でも、ソフトバンクのすごさを感じたのは、新型コロナ対策でした。ご存じの方も多いと思いますが、新型コロナが日本でも流行り出したタイミングで、マスクや医療用の個人防護具(PPE)が不足になり、またPCR検査やワクチンなどの話もどんどんと出てきました。そこで孫さんが、これは国難だということで、社会のために利益を度外視して、国とも連携してマスクやPPEの調達、PCRセンターの設置などを全社を挙げて行うと言って、そこからの動きはすさまじいものがありました。いきなり、約3億枚ものマスクを輸入して国内に配分するというようなプロジェクトが立ち上がった時には、「これどうやってやるんだ…」と途方にくれたものです(笑)。

しかし、これがまたすごいのですが、ソフトバンクのグループ会社をすべて動員すると、本当に何でもできてしまうのです。アメリカや中国はじめ世界各国にお付き合いのある会社があり、それもさまざまな業種・規模・得意分野があるため、必要なものを見つけ出してくることができます。国内には津々浦々にソフトバンクショップと営業ネットワークがあり、例えばやろうと思えば、マスクを製造・輸入して国民全体に配布するようなことも、一企業でありながら自力です

ぐにできてしまう。法人営業でつながっているため日本中のさまざまな企業と連携する窓口もあるし、子会社には金融から不動産まで何でもあるので、基本的には自分たちのグループで賄えてしまう。

私がいた部署は、まさに社長直下の特命室ということで、グループ全体の新型コロナ案件の司令塔的な部署になりました。このころの仕事は内閣府で女性活躍を担当していた時よりきつかったぐらい、相当追い詰められましたが、本当に社会がどうなってしまうのかという感覚が当時ビンビンとありましたので、その中でできることをしようということで、チームの皆さん、グループ企業の皆さんと一致団結して、ふらふらになりながら踏ん張っていた記憶がいまでも鮮明にあります。

そういう中で、福井での経験が役に立つこともありました。どの地域でどのような物資が不足しているのかという、物資の確保に当たって重要な基礎的データが、当初は圧倒的に不足していました。そこで福井でのご縁を思い出し、福井県東京事務所に相談をしたところ、中村保博副知事から、福井県での現状について詳細な情報をお教えいただくことができ、確保すべき医療物資の数量や内容についての検討が社内でスムーズに進むようになったことは、本当にありがたいことでした。

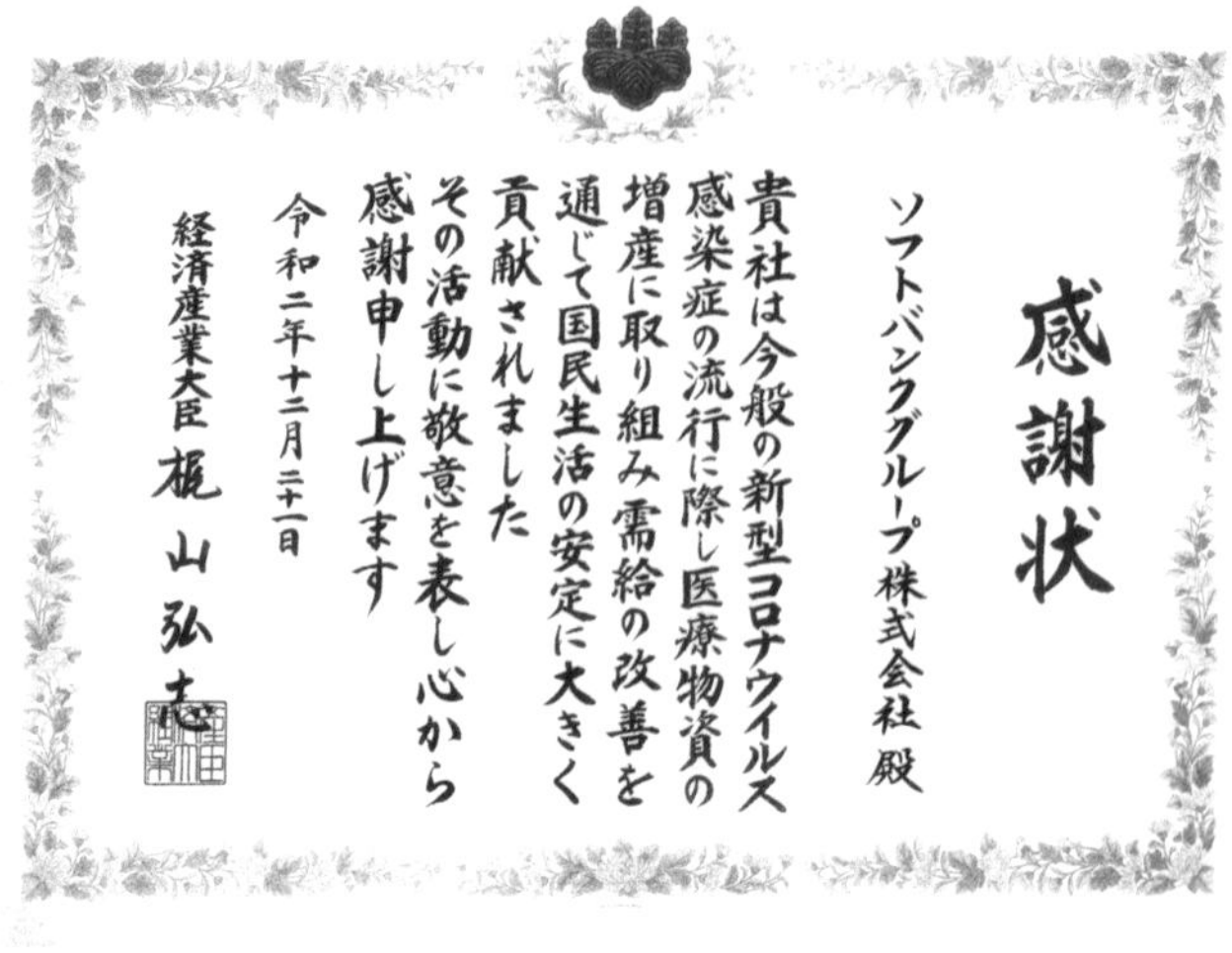
感謝状

ソフトバンクグループ株式会社 殿

貴社は今般の新型コロナウイルス感染症の流行に際し医療物資の増産に取り組み需給の改善を通じて国民生活の安定に大きく貢献されました
その活動に敬意を表し心から感謝申し上げます

令和二年十二月二十一日

経済産業大臣 梶山弘志

そのような苦労を重ねつつも、その甲斐があってか、当時、輸入が絶対的に不足していた物資の一つに医療用のゴム手袋があったのですが、うちのチームメンバーでこのゴム手袋の数量確保を成し遂げることができ、経済産業省から感謝状をいただくという栄誉にもあずかることができたのは、望外の喜びでした。

私はここで、民間のすごさを知りました。政府は確かに強大な権限がありますが、世の中を回しているのは民間の力なのだということを、建前ではなく本当に目の当たりにした気がしました。それを垣間見ることができただけでも、役所を出てよかったと思いました。

このようにして学びの多い日々を過ごしつつ、

新型コロナ対策もひと段落したタイミングで、そろそろ一人でもできるんじゃないか…という思いが出てきました。ソフトバンクグループの中で力のある方は、会社の看板を効果的に活用しつつも、個人の実力や人脈でビジネスを作り上げ、会社に貢献するだけではなく、それをもって自ら会社を起こしたり、よその企業でステップアップしたポジションを得たりする方も多いように見受けられました。

それほど華麗な動きはできないにしても、地域活性化の取り組みへの思いならある、自分もそんなことをしてみたい。一人で、あるいは仲間で力を合わせれば、内閣府やソフトバンクグループとはまた違ったアプローチで、何かを成し遂げられるのではないか。そんな思いを持って、「夢研」の起業に踏み出したのでした。

第9章　一人飛び出して知る世界の広さ　仲間とともに夢を描く

「夢と誇り」の誕生　地方の課題に真正面から向き合う会社を作る

こうして、役所を辞めた時にやりたかったことに手を付けるべく、起業というと大げさかもしれませんが、2020年秋に、独立することにしました。

アントレプレナーとか、スタートアップとか、あるいはフリーランスとか、さまざまな表現をされることがあるのですが、自分としては大きな会社を作るという野心があったわけでは無く、他方で特定のスキルを活用して仕事を自由に選び柔軟に生きる、というようなイメージもあまりありませんでした。ありていに言えば「なんでもしてみたかった」のですよね。

それでいつも「独立」という言葉を使うのですが、自分の旗を掲げて、その実現に向かって進むことができる環境を作り、そこで自分の力を試したいという気持ちが大きかったですね。そのためには、自分が責任をもって、自分が判断していくことが必要で、そうすると組織の中や特定の個人の下にいる環境では、難しい状況となることは明白です。

会社を作ろうと決めた際に、とある恩人に電話で、「もう人の下につくのは辞めようと思います」と話したところ、「そうだろう、それがいい」と後押ししてくださり、とても勇気づけられたことが強く記憶に残っています。

そうすると、掲げるべき旗印が必要になるのですが、それは「夢と誇り」だと決めていました。この「夢と誇り」は、ふたつの経緯が自分の中で合わさって出来上がったキーワードです。

ひとつは「自信と誇り」で、これは大野市時代に当時の岡田市長がよくおっしゃっていた言葉でもありますし、水の取り組み Carrying Water Project（CWP）の目指すところでもありました。自分たちのまち、自分たち自身に自信と誇りを持つことで、まちのことを真剣に考え、自分たちの価値を認識し、守り育てることができるということで、シビックプライドなどという言い方もされますが、本当に大事なことだといつも思っていました。

もうひとつは「夢と野心」で、これは2018年に福井テレビの報道番組である「タイムリーふくい」に出演させていただいた際に、これからの福井には何が必要でしょうかとの司会者からの問いかけに対して、フリップに書いた言葉です。福井は人材も豊富、資源も豊富、歴史や文化も豊か、でも奥ゆかしい県民性がどことなくブレーキをかけている気がしていて、突き抜けた夢や野心を遠慮なく持ち、実践することさえできれば将来を悲観することは全くない、という、大野での2年間での感想をまとめた言葉でした。

このふたつから、それぞれをとり、「夢と誇り」のある社会づくりをすることが自分のやりたいことだ、という思いが自然に出てきまして、それをそのまま会社名にしてしまったのです（長いので、例えば電話口で名乗りきれないなど、色々と不便なこともありますが…）。

ただ、その意味をもう少し掘り下げて、見てくださる方々に伝えたいと思い、定義のようなものを設定し、会社のＨＰにも掲載しました。

【「夢と誇りのある社会」とは】

・一人一人が、自分のため、家族のため、社会のために、やりたいことや叶えたいことを夢として抱き、

その実現のために進むことができる社会

・一人一人の人間性が尊重され、家族や組織、地域、国家など、自らの居場所に価値を見出すことができ、誇りをもって日々の営みを紡ぐことができる社会

・効率性や経済合理性だけではなく、助け合いや分かち合い、他者への尊敬など人間が持つ社会性に基づく価値観が大切にされ、安定と安心の下に、人々が暮らすことができる社会

これを文字として書き起こし、改めて見た際に、自分は新しいことに取り組むことが本当に好きですが、一方で意外と保守の思想に属する人間かもしれないな、とも思いました。

保守というのは、何事も前例を踏襲し、いまあるものをただひたすらに守ればよいというものではありません。保守の思想は、先人の知恵を信じ、いまある社会の価値を肯定します。その上で、社会の価値を守り、後世に繋ぐために必要な手段は、躊躇なく講じます。例えば第3章で出てきた農業へのデジタルの活用や、第5章で出てきたデータサイエンスによる新しいまちづくりもあるでしょう。あるいは、第7章で出てきた大野市役所の働き方改革のように、市役所の組織文化を守り、地域を支えるためにあえて、既存のやり方を大きく改革することも厭いません。

新しい手法を常に取り込み、社会のために実践していくことで、社会の新陳代謝を促し、結果的に社会を守り発展させていきます。それはあたかも生物が日々、自らの細胞をひっきりなしに更新することにより、個体として存続しているようなものでしょう。そのように、前に進むことにより維持される社会、それが「夢と誇りのある社会」ではないか、と考えています。

仕事に選ばれることと、仕事を選ぶこと　両方の重みを知る

と、ここまで理念的なことを書いてきましたが、実際に会社として機能させるには、サービスをクライアントに提供し、対価をいただくことで会社を継続させ、生活の糧を得る必要があります。しかし、私はこの会社を立てるに当たり、その提供メニューをはっきりとさせたくないという気持ちが常にありました。

いつもいろんな人から、「この会社は何をしているかわからない」「今さんに何をお願いできるのかわからない」「何をしてあげればよいのか」など、さまざまなご指導をいただくのですが、それは仕方ないことだと思って割り切っていました。なぜなら、会社のやることに形を与えた瞬間に、その形に縛られてしまい、可能性の枠が閉じてしまうような気がしたからです。

とはいえ、そんなきれいごとが簡単に通じるほど、世の中は甘くありませんでした。やはり、初めのうちは全然仕事が無い状況が続きました。それもそのはず、自分のこだわりで外からはよくわからない、仕事を出しにくい会社になっていますし、そもそも何の実績もない私のような人間に早々仕事が来るわけがありません。

あとから聞くところでは、一般的にフリーランスになる場合には準備として、もともと所属した会社の時に携わっていた案件をそのまま引き継いだり、かねてからの人脈等で当面の仕事が見つかっているような環境を作ったうえで独立するということを知りました。まあ、事前に知っていたとしても自分にはそのような実力は無かったかもしれませんが、とある有識者からは「一番やってはいけない形の起業だね」と冗談半分に評されたものです。

加えて、これまで忙しく体を動かすことに慣れきっていた私にとっては、仕事がないストレスというもの自体、これまで体験したことの無い、相当につらいものでした。そんな状況ですから、このように能天気な自分であっても、当時は精神的に相当追い詰められていたと思います。

こういう苦戦しているときには、ついつい手に届くロープを握りたくなってしまいます。業務委託のような形で、あるいは夢研との兼業可能という条件で、実際にはほぼフルタイムで勤務しないかというお誘いがいくつかありました。条件も自分の身の丈を超えるありがたいものでしたし、これをつかめば何か安心が得られるだろうという考えもありました。ただそうすると、実質的に自分の旗を立てられなくなってしまう怖さもあり、そういう大きな案件はすべて避けていくことを決断したころ、起業して半年がたったぐらいでしょうか、だんだんと案件が生まれてきたのでした。

幸運を生かし、理念への共感を得ることが価値ある取り組みを生み出す

なぜ幸運にも案件に巡り合うことができたのか、いまになって振り返ると、まさに運が良いとしか言いようがないのですが、これまでしっかりとやらせていただいた仕事や、いまも続いている仕事のほとんどは、前例がない内容や、新しいポジションでの任務であるものばかりです。

第1部においてご紹介させていただいたさまざまな活動においても、例えば、福井県のコーディネーターや考福塾アドバイザー、JA福井県中央会アドバイザー、金沢大学の先端観光科学研究所コーディネーターなどすべて、前任のいない全く新しい任務です。

そのような新しい任務での取り組みを仕事として生み出すことは、一人でどうこうできるものではありません。もちろん、これを簡単に「人脈」「コネ」などの言葉で片付けることもできるので

しょうし、実際に自分は幸運にもさまざまな方々とのつながりを持たせていただくことができています。しかし、それだけではない何かが無ければ、実際に意味のある取り組みとして具現化するまでには、なかなか至らないものです。

新しい取り組みには、やはり目的と理念が必要です。それぞれの組織、私の側から言えばクライアントになりますが、企業としての目指すところや、社会のために克服すべき課題など、それぞれの目的をお持ちだと思うのですが、そこに私が掲げている「夢と誇り」という理念がどのように関わり、評価いただけるのかというところが、とても重要だと感じています。

例えば、福井県庁からは、2021年5月から2年間、政策企画コーディネーターという、県外の企業や有識者とともに新しい取り組みを作り上げる任務をいただいていたのですが、この枠組みを作り一緒に取り組んでくださったのは、当時担当の副部長でいらっしゃった、福井県の藤丸伸和教育長でした。

藤丸さんとは以前からご面識はいただいていたのですが、この独立のタイミングでお話をした際に、何もないままに県庁を訪問し、会社の理念や意気込みについてお話ししたところ、「夢と誇り、いいですね～」とさらっとおっしゃってくださり、自分が考えていた理念に全面的に賛同してくださったことがとても嬉しかったことを鮮明に覚えています。

その後、夢と誇りという理念をベースにした議論の中から、県で進められている「オープンイノベーション」の一環として、内外からの知見を結集させる仕組みとしてのコーディネーター職を形にすることができました。

また、福井県JAグループとのご縁をいただく背景には、協同組合という活動の理念とのリンクがありました。

協同組合の理念や実践についての研究や情報発信などに取り組む、日本協同組合連携機構（JCA）という組織があります。私は、とある本を読んで協同組合の思想と、自らが掲げる「夢と誇り」との親和性について強い興味を持っていたところ、JCAの比嘉政浩専務、小林元部長とのご縁をいただき、全国の協同組合についてのヒアリング調査などを行う客員研究員の立場を頂戴することができました。

佐賀や町田、長野などの農業協同組合であったり、あるいは福井生活協同組合などへのヒアリングを通じ、株式会社や役所組織とは異なる、組合員自らが所有者として組織を運営していく協同組合の仕組みや役割、社会的意義について考えを深めることができたことが、その後の福井県JAグループでの活動や、さらにはCWPでの東ティモールでの取り組み、考福塾での塾生との議論での視野の拡大など、さまざまな場面で生かされていると感じています。

他にも、まさに、ＣＷＰのコンセプトであった、「小さくとも、高く手を挙げる」を具現化したような出来事の連続で、さまざまな出会いがあり、さまざまな仕事があり、またすれ違いもたくさんあったのですが、「夢と誇り」の旗を立て続けることで、自分として手ごたえのある取り組みを生み出し、また進めていくことができていることは、本当に嬉しいことです。

一人でも大きなことはできる　旗を立て、仲間とともに夢を描く

改めて、いま振り返ってみると、たった一人でも、旗印に共鳴してくれる方がいて、組織があって、一緒に新しい夢を描くことができれば、新しいことができるし、自然とそういう環境ができてくるものなのかもしれません。特定の組織に属さない立場だからこそできることも多いですし、広がりは無限大です。自分ですべてをしなければならないということは全然なく、逆にさまざまな立場の仲間と一緒に取り組むことができれば、力を合わせてなんでもできます。

この本の対談に登場していただいた方々をはじめとした、各種の活動をご一緒させていただい

ている皆さまや、ＣＷＰを共に進めている一般社団法人のメンバーの皆さんは、私が独立して、何もないところから始めたときから、理念や人間同士のリスペクトなどを通じ、ご縁をいただいている方々です。

内閣府や大野市、ソフトバンクグループの肩書や立場は、辞めてみて改めてわかりましたが、とても大きなもので、私個人には何の価値があるのかと思わされる場面も多々ありました。そういう中で、多くの方々にご一緒いただけること、お力添えいただけることが本当に嬉しく、私は独立して初めて、本当の意味での仲間というものを知ることができたと思っています。

しかしながら、私がライフワークとして取り組んでいる地域活性化は、まだまだ道半ばです。これからも、「夢と誇り」の旗を立て続け、仲間を増やしながら、いま進めている取り組みをしっかりと花開かせるとともに、新しい課題にもどんどんと挑戦していきます。

あとがき

大野市から帰任して数年たった2020年ごろに、北海道にある実家で古い家系図が見つかったのですが、それを見た父親が飛び上がって連絡して来て、「お前のひいおばあさんの出身に『福井県大野町』と書いてあるぞ」というものですから、本当に驚きました。

確かに、ご存じの方も多いかと思いますが、北海道には北陸からたくさんの方々が開拓に渡っています。この大野出身のひいおばあさんは、私の父方の祖母の母親に当たる人ですが、他方で私の母方の祖母の家系をさかのぼると、実は石川県の能登半島出身になります。特に大野は、幕末に大野藩が洋式帆船「大野丸」を建造し、蝦夷地や樺太まで交易をしていましたし、北陸という地域が全体的に北海道との縁が強い土地ではありますが、それでもこんな偶然があるものかと怖くなります。

そう考えると、大野に赴任して福井にご縁をいただいているのも、金沢大学での仕事を通じて石川にご縁をいただいているのも、なるべくしてなったのかもしれない…という思いをつい持ってしまいますが、地域活性化という課題は全国津々浦々での課題であり、これからさまざまな地域において「夢と誇り」を掲げた取り組みをしていきたい、という思いを熱く持っています。

この本では、「はじめに」で書いたとおり、私の経験したことや考えたことを、本当にそのまま皆さんに知っていただきたく、ストレートに書かせていただきました。この中に、特効薬と呼べるようなものは、正直見つからないかもしれません。でも、みんなで一緒に考えて、取り組んでいくための土台として使ってもらえるような内容が少しでもあれば、それで十分だと思っています。

私のやり方が必ずしも正解とは限りません。大切なのは、あきらめずに、それぞれがそれぞれの立場で、それぞれの旗を掲げ、仲間を集め、物事に取り組んでいくというその姿勢、勇気だと思います。そういう動きがどんどんと広がることで、世の中の景色はきっと変わっていくはずです。

先の見えない苦しい時代と言われますが、物事はすべて捉え方次第です。ともに楽しく、前向きに、「夢と誇り」を持って、進んでまいりましょう。

この本を書くに当たっては、これまでに取り組んできたさまざまな活動と同様に、多くの仲間からのお力添えをいただくことにより、何とか書き上げることができました。

まずは、対談いただいた皆さんに、心からのお礼を申し上げたいと思います。

管清工業株式会社の長谷川健司社長は、突然飛び込んできた私の話を大きな器で受け止めてくださって、ＣＷＰの持つ可能性や理念を尊重いただきつつ、更にスケールアップするためのさまざまなご指導や、力強い後押しをいただいておりますこと、心から感謝しております。ＣＷＰの活動にとどまらず、長谷川社長の社会貢献への思い、経営者としての美学、組織を率いるリーダーシップなど、ご一緒させていただく中でたくさんのことを学ぶ機会をいただいていることは、本当に幸運なことと思っております。

ＪＡ福井県五連の宮田幸一会長は、私にとって、地方のリアルを身をもって教えてくださる、優しい先生のような方です。普段は人情味あふれる話術を駆使され、カラオケではお孫さんから教えられたあいみょんを熱唱されるという温かいお人柄でありつつ、農業のことになると厳しいご判断も厭わず、地域と組織を背負われるそのご覚悟の重さに、いつも圧倒されます。理論や理念だけではない、現実に即した実践の重要性ということを常にご指導いただき、私も少しでもその神髄に近づくべく、精進してまいります。

株式会社ツクリエの鈴木英樹社長は、年齢は多少離れているのですが、とても若々しい方なので、つい頼りたくなる知り合いのお兄さんのような感じで、なんでも相談させていただいています。この数年間でツクリエ社は急激に成長しましたが、その中でも組織がしっかりまとまっているのは、鈴木社長の持つ人間力とビジョンによるところがとても大きいと感じます。鈴木社長のように、人に頼られ、人が集まってくるようなリーダー像に近づけるよう、今後ともご指導いただけましたら幸いです。

福井県庁の飛田章宏ディレクターは、起業支援やCWPだけではなく、多様な分野での活動について、私の思い付きのような相談にも嫌な顔一つせず乗ってくださり、本当に感謝しております。いつも冷静な判断と熱い思いをもって、福井のためになることを生み出そうという飛田さんの姿勢から、多くのことを学ばせていただいています。福井のウェルビーイングの更なる向上に向けて、国際交流をはじめさまざまな観点から、今後も是非とも一緒に取り組みをさせていただきたいです。

金沢大学の藤生慎准教授は、私が大学4年生の頃から親しくさせていただいている先輩で、このように実社会でも長年にわたりご一緒できていることが何よりも嬉しいです。当時はプールに一緒に行ってダイエットしたり、あるいは家で麻雀大会を開いたりとダメ学生だった記憶も多少ありますが、その楽しいノリはそのままで、まちづくりの実践や国際共同研究の推進など、社会のためになる活動をどんどんと進めていけるよう、これからもさまざまな形でご一緒させていただきましたら、とてもありがたいです。

また、対談をお受けいただいた方々以外にも、本当に多くの方々とご一緒させていただき、助けていただく中で、ここまでやってくることができました。内閣府や大野市をはじめとするこれまで所属した組織の皆さん、福井県JAグループや福井県庁、福井市役所など福井でお世話になっている多くの方々、金沢大学の先生方・事務の皆さん、管清工業やツクリエ社の皆さんなど、ここには書ききれないほどの多くの方々にお世話になり、活動を進めてくることができましたこと、心からお礼を申し上げたいと思います。

とりわけ、独立して間もなくの頃から、夢研でも仕事が無く、まだ新しい仕掛けもできない状況の中でも、理念を熱く語り、地域の活性化、そして世界の明るい未来をつかむべく、ともに一般社団法人CWPを立ち上げ、日々ご一緒いただいたメンバーである帰山寿章さん、山岸謙さん、石原知一さん、槻木比呂志さんには、皆さんのおかげで自分がどれほど勇気づけられたか、言葉には言い表せません。これからもともに、水で地域の、日本の、そして世界の未来を拓いてまいりましょう。

そして、大野市時代からの平素の取材や、近年では考福塾の運営などにも関わらせていただく中で、吉田真士社長をはじめ、今回の対談にご参加いただいた山本道隆常務や、数多くの福井新聞社の皆さまに、福井の地域課題への取り組みを通して、さまざまな形でお世話になってきました。今回、これまでの取り組みをご縁に、私のような全くの素人による出版の機会を与えていただきましたこと、心から感謝申し上げます。

また、この本の編集に当たっては、元・福井新聞社東京支社長の加藤佳紀さんに大変お世話になりました。加藤さんの長年の記者経験に基づく鋭い赤入れと、現場の臨場感そのままに対談の内容を伝える書き起こしが無ければ、この本を完成させることは到底できませんでした。ご自身も大変お忙しい中、親身になってご指導くださったこと、本当にありがとうございました。

最後に、公私にわたる最高の相方であり、賢明なる助言者である妻と、いつも活力とインスピレーションを与えてくれる2人の息子たちに対し、心からの感謝を記します。

2024年7月

今　洋佑（こんようすけ）
1983年生まれ、北海道岩見沢市出身
合同会社 夢と誇りのある社会づくり研究所 代表
一般社団法人CWP 代表理事／金沢大学 特任准教授

東京大学大学院（社会基盤学）・英国ロンドン大学SOAS（開発経済学）修了。

2007年内閣府入府。2016年から約２年間、福井県大野市の副市長を務める。内閣府退職後、ソフトバンクグループ株式会社を経て、2020年に「合同会社 夢と誇りのある社会づくり研究所」を設立。「夢と誇り」を旗印として、福井県を中心に幅広い地域・分野で活動を展開。

現在、JA福井県中央会戦略アドバイザー、福井銀行・福井新聞社主催「考福塾」アドバイザー、株式会社ツクリエ顧問など。

2023年「一般社団法人CWP」の活動で国土交通大臣賞「循環のみち 下水道賞」受賞。

夢と誇りが、この国の景色を変える。

～霞が関から飛びだし、仲間とともに地域を潤し、そして世界へ～

2024（令和6）年8月28日発行

［著者］　**今　洋佑**
［発行］　**吉田　真士**
［編集］　**加藤　佳紀**
［装丁・本文デザイン］　**生形　剛（Drive inc.）**
［タイトル・帯コピー］　**芦田　裕美子**
［対談写真］　**槻木　比呂志**
［発行所］　**株式会社福井新聞社**
〒910-8552 福井県福井市大和田2丁目801
電話 0776-57-5111（代表）
［印刷］　**小川印刷株式会社**

　ISBN 978-4-910477-11-4